乌合之众：大众心理研究

[法] 古斯塔夫·勒庞 —— 著

夏小正 —— 译

江苏凤凰文艺出版社
JIANGSU PHOENIX LITERATURE AND
ART PUBLISHING, LTD

图书在版编目（CIP）数据

乌合之众：大众心理研究 / (法) 古斯塔夫·勒庞著；夏小正译. -- 南京:
江苏凤凰文艺出版社, 2020.4（2022.6重印）
ISBN 978-7-5594-4514-8

Ⅰ. ①乌… Ⅱ. ①古… ②夏… Ⅲ. ①群众心理学-
研究 Ⅳ. ①C912.64

中国版本图书馆CIP数据核字（2020）第012830号

乌合之众：大众心理研究

（法）古斯塔夫·勒庞 著　夏小正 译

责任编辑　李龙姣
策划编辑　洪紫玉
装帧设计　芦一祎
出版发行　江苏凤凰文艺出版社
　　　　　南京市中央路 165 号，邮编：210009
网　　址　http://www.jswenyi.com
印　　刷　唐山富达印务有限公司
开　　本　880 毫米 ×1230 毫米　1/32
印　　张　9
字　　数　132 千字
版　　次　2020 年 4 月第 1 版
印　　次　2022 年 6 月第 5 次印刷
书　　号　ISBN 978-7-5594-4514-8
定　　价　36.00 元

导论：无意识与群体心理特征

古斯塔夫·勒庞

我们对历史大事件的研究，似乎已经臻至顶峰，难以再有新发现。然而，试翻一下有关法国大革命的著述，你会发现那个悲剧时代仍然值得我们再次反省——为何在文明发展进程中，每一次革旧举新都得通过流血的方式来推进，而从来不能和平进行？如果我们借助现代心理学的方法回顾历史，那些让人百思不解的问题就能冰释其疑：群体心理有着与“理性”个人完全不同的心理特征，且群体不同，心理特征也完全不同。讨论各种群体的心理和情绪特征，正是本书的主题。

每个人都受自身独特遗传因素的影响，每个种族都赋予其族群的个体成员一些共同的心理特征，例如信念、信仰、风俗等。这些特征叠加在一起，便构成了一类种族的气质。但这并不是说，凡是由同一种族的人构成的群体，其心理特征都和种族的共同心理特征是一致的。如果这个民族中的一部分人为了某个行动目标聚集成为一个群体时，除原有的种族心理特征之外，这个群体还有一些与种族心理特征不同的新心理特征。

无论哪一个种族，生活中有组织的群体都起着至关重要的作用，但这种作用从来没有像现在这么重要——集体无意识行为代替了个人有意识行为。这是这个时代最显著的特征之一。

我对各种群体问题的考察是以纯粹科学的方式进行的。这些考察只有方式上的变化，不受各种意见、理论和教条的影响——这无疑是发现真理的唯一办法。科学家应该致力于考察和验证现象背后的原因，至于这些考证会损害什么人的利益则不在考虑范围之内。著名思想家戈布莱·达尔维拉先生说，他不属于任何当代学派，那些学派的各种结论都有各种各样的谬误，与他得出的结论完全不同。如果自己属于某个学派，必然会受其观点和信念的影响，带着先入为主的意见和偏见看待各种事物的特征。希望这本新书可以和达尔维拉先生一样，既不归于某个学说体系，结论也不必与那些既有学说一致。

有必要解释一下，为何达尔维拉先生会认为我的结论乍一看令人难以接受。例如，为什么我在发现聚集成群的大众有着强烈的自卑心理后（即使由专门挑出来的精英人士组成的群体也会自卑），仍然十分肯定地断言，尽管各种精英人士组成的群体和智能平常的普通人组成的群体同样自卑，但若干涉或取缔这些组织则会给社会带来危险。

这是因为，历史的所有事实无一例外地向我们证实，社会组织和一切生命有机体一样繁复庞杂，我们无权强迫社会组织在一夜之间突然完成深远改变。而我们知之甚少的天然因素，有时却会突然改变我们的社会组织形式——不是我们想要的方式。这就是为什么没有什么比狂热进行重大改革或革命更要命的了。

无论引导革命的理论多么完美，理想多么远大，只有使种族特质转变的变革，才是有用的变革。然而，只有时间才有改变种族特质的力量。每个人都受种族内的各种思想、感情和习惯所左右，这些种族的共同特质融进了我们的本性之中。各种制度和法律反映我们的需要，既然是我们内心的需要诞生了制度和法律，那它们又怎么能反过来改变我们的性格呢？

研究社会现象，必须从两个截然不同的方面考察。这样你就能看到，纯粹理性的真理经常与实践理性的学说南辕北辙。几乎没有任何数据资料（甚至是自然规律的数据资料）不适用这种区别。无论是一个立方体还是一个圆，从绝对真理的角度看，都是根据严格公式定义的几何形状。若从感官印象的角度看，这些几何图形完全不同。随着视角的改变，立方体可以变成锥形或方形，圆可以变成椭圆或直线。从现实的角度来说，研究这些片面的可视化人造虚拟形状，远比研究它们实际形状更重要，因为它们有且只有它们，是我们能看到且能用摄影、绘画来再现的形状。不过很多时候，虚拟比真实包含的真相更多。

但如果只是根据事物几何形状来表现它们的存在状态，这种间接而片面的手段很可能导致我们曲解自然本质，使我们很难认识这些事物本来的状态。试想如果所有人都只能复制或翻拍事物可视部分，却不能亲自深入体验它们的完整存亡过程，那么我们还能对事物的存亡状态有什么正确的观点吗？更何况，如果只有少数知识分子认识事物的抽象理论，那它又有多少意义？

致力于研究社会现象学的学者应时刻把这条真理铭记于心：从哲学的角度来看，这些现象可能具有绝对理论价值；但在实践中，它们仅具有相对价值。我们不应该仅仅关注社会现象的理论价值，其实践价值更应值得我们重视，就文明的诞生和繁荣来说，也只有实践价值才更有意义。只有这样，我们在考察每个现象背后的最初逻辑时，都能保持理性，不至于妄下断论。

而且社会现象如此复杂，我们根本不可能全盘掌握或预见它们之间的影响及其带来的后果。可见现象背后有时往往潜伏着千百种无法看见的原因。这些可视化的社会现象，可能是某种巨大无意识机制的结果，这一机制超过了我们可以分析的范围。如果把可视、可感知的现象喻为波浪的话，那么无意识本能机制则是容纳百川的海洋。可视、可感的现象，不过是我们无意识大海深处翻腾的水流。群体的大多数行为在精神上有种本能的、独特的、机械简单的一致性，而群体的少数行为似乎又受着某种神秘力量的支配，有人称它为命运，有人称它为自然，也有人称它为天意，法国人则称之为“幽灵的声音”。我们虽然不了解这种力量的本质，却无法忽视它的威力。

每个民族的人的内心深处，似乎都被一种持久的、不可思议的力量支配着。就语言来说，恐怕没有什么事物能比它更复杂、更有逻辑、更精妙了。但这种组织程度庞杂、伟大且完美得匪夷所思的产物，若非人类无意识中伏藏的天赋创造了它，还能是什么智慧创造它？学识过人的语言学家能做到的，也仅仅是找出支配语言的规律，但绝不可能创造出这些规则来。即使思想——尤其是那些伟人的思想，谁敢肯定它们完全是有意识的产物？表面上看来，是伟人们创造出来的，但是，不正是无数集体无意识天赋的尘沙，才有了他们思维萌芽的土壤？

毋庸置疑，群体大多数行为总是无意识的，这种无意识拥有着强大的、不能窥知的秘密。就像大自然中一些受无意识支配的低等生物一样，它们某些机制的神奇性和复杂性连人都惊讶。理性这种功能，究其根本，也不过是无意识的产物之一，而且是离我们时代较近的人类才慢慢发现并定义的一种禀赋，且尚未完善到能够帮助我们理解无意识的运作规律的程度。若要理性深入且理解无意识本能，恐怕来日方长。无意识是主导我们所有行为的决定性力量，理性力量微不足道，只有无意识的力量永恒地主宰着我们。

如果我们只想停留在学科与知识之间狭窄但却安全的界限

之内，而不想探索模糊的边缘地带，那么我们要做的很简单。我们必须留意身边所有的社会现象，并且仅仅只是考察它们，这样才能得出偏见不算严重的结论。而我们思考出的每一个结论，必然不可能十分完善，在我们可视、可感的现象背后，还隐藏着无数我们无法感知的、潜在的事物的规则与力量。

引言——群体的时代

提要：目前这个时代的演变 / 文明的大变革是民族思想变化的结果 / 现代人对群体力量的信念 / 它改变了欧洲各国的传统政策 / 民众的崛起是如何发生的，他们发挥威力的方式 / 群体力量的必然后果 / 除了破坏，群体起不到别的作用 / 衰老的文明解体是群体作用的结果 / 对群体心理学的普遍无知 / 研究群体对立法者和政治家的重要性

无论是罗马帝国的衰亡，还是阿拉伯帝国的建立，似乎都向我们说明每场变革之前的大动荡，都是政治变化、外敌入侵或王朝倾覆导致的。然而，如果深入考察这些动荡发生的根源，我们就可以得知，动荡都是源于人们思想的重大转变。真正的文明大动荡原因，不是那些场面宏大、厮杀惨烈的战争事件，而是人类思想、观念和信仰发生了变化。所有令人难忘的革命事件，都不过是人类思想发生深刻转变后才导致的可见后果。

物种稳定遗传的思维定式，让我们难以发现社会大动荡类历史事件背后，深藏不露的深刻变化和它会造成的后果。当下这个时代正是人类思想深度转型时期。

导致这种深度转型有两个基本因素：首先是构成我们文明的所有要素的宗教、政治和社会信仰毁灭；其次是现代科学和工业的各种发明的出现，创造了全新的生活方式和思想条件。即替代过去那些已经百孔千疮的非理性信仰和陈腐观念的新信仰、新观念还未成形，所以旧信仰和旧观念依然凭着十分强大的惯性影响着人类,因此这个时代处于群龙无首的过渡状态里。

至于，这个过渡状态会持续多久，演变至何种地步，笔者还不能妄下断言。我们也不清楚什么样的信仰和观念会成为未来社会建立的基础。但可以肯定的是，无论未来社会的信仰和观念是什么，都不可能忽视一股正在崛起的新力量，一股将在未来至高无上的力量——群体的力量。过去曾被人们视为理所当然的诸多观念和信仰，而今不是已经崩塌，便是正在崩塌——成功的大革命摧毁了它们。踏着历史的废墟，群体力量终会与其他力量结合，而我们也会进入一个真正的群体时代。在被我们曾奉若神明的历史悠久的信仰崩塌时，在古老社会支柱一根根倒下时，群体的势力便成为唯一无可匹敌的力量称雄于世。

19世纪之前的欧洲大革命，主要是欧洲各国的传统政策和君权之间的竞争与对抗引发的，民众的意见通常起不了什么作用或根本不起任何作用。如今，民众的声音已经取得了决定性优势，而得到政治承认的各种传统、统治者的个人意志，及传统和统治者个人意志的相互对抗很难再引发什么革命了，群体的呐喊取得了决定性优势，这些呐喊表明了大众的行动，统治者们不得不开始重视大众的呐喊和呐喊的内容。从此，各民族命运的主宰不在王侯将相的会议桌上，而在民众的意志里。

在这个过渡时期里，最引人注目的事件便是：各个民众阶层正在进入政治生活。换句话说，他们正在成为统治阶层。普选制度古已有之，但在普选制实行的很长一段时间里，那些拥有选举权的大众，从来没有对选举结果施加过多大的影响。因此，大家并不认为那些“领袖”是被真正选举出来的，同样，大家也并不认为选举的过程是公开透明的。

民众势力不断壮大，某些广泛且重复传播的观念，慢慢地在人们头脑中扎下根来，曾经的散沙逐渐团结在一起，结为社会群体，并且为了实现自己的理念或诉求而进行抗争。大众通过各种社会活动慢慢掌握了一些和自己利益息息相关的信念或信息，即使它们不一定有多正当，但大众的诉求却十分明确——他们终于意识到了自己的力量。他们成立的各种联合会，迫使一个又一个政权俯首称臣。比如他们成立工会，试图支配劳动和工资，无视一切经济规律。到后来，越来越目中无政权的大众甚至支配着政府的议会，那些优柔寡断、唯唯诺诺的议员，不过是委员会的传声筒罢了。

而今，民众的诉求越来越清楚，其诉求中的信念其实就是原始化的共产主义：限制工作时间，把矿场、铁路、工厂和土地统统国有化，平等分配所有生产资料和产品，为了广大人民的福祉消灭统治阶级等，大有非彻底摧毁当下社会不可之态。但正常状态下，这类原始化的共产主义信仰，只出现在文明初露曙光之前。

群体缺乏谨慎的逻辑推理，冲动行事。因为组织的力量，群体认为自己所向披靡。我们目睹其制定的教条很快就会像旧式教条一样，拥有蛮横的、武断的、不容置疑的专制力量——民众的神权即将取代君主的神权。

那些和中产阶级气味相投的作家们，不仅思想褊狭、观念陈腐、思虑肤浅，还过分自私。他们惊恐于大众这种新力量的不断壮大，为了反对信念混乱的人们，为了对付大众莫衷一是的观念和信仰，不惜屈尊降贵，向曾被他们嗤之以鼻的教会和道德势力求助。他们在罗马忏悔，他们宣讲科学破产论的同时，还不忘提醒我们要去了解已发现的真理。但这些新皈依者不知道的是：即使上帝将恩惠赐给他们，他们也不可能再影响大众的观念，大众早已不再关心皈依宗教之事。大众抛弃的，不过是他们早就抛弃且毁灭了的神。无论是神还是人，都不可能强迫河水溯流回源。

科学并不会破产，因为科学从来不会陷进这思想转型过渡期的无政府状态里。而且，这种混乱状态中产生的新势力，也并非科学所致。科学探索真理，或至少是人类智力能够把握的各种知识，但它从来没有保证过实现我们的任何希望或幸福，它对我们感情的喜怒哀乐无动于衷。我们唯一能做的便是向科学妥协——没有任何力量可以恢复被科学摧毁的幻想。

在所有国家都能看到的普遍现象——群众的势力迅速强大，尽管保守派总一厢情愿地希望群众势力停止发展。无论我们的命运如何，我们必须接受民众势力的崛起。大众力量的崛起标志着西方文明走向没落，倒退到群龙无首的混乱时期。每个新社会之诞生概莫能外，我们阻止不了这种混乱。

直到今天，彻底摧毁一个衰落的文明，一直都是大众最明确的任务。这种意图并非今日才初显端倪。所有历史事件无一例外地告诉我们，若文明赖以建立的道德基础失去了力量，无意识的野蛮群体最终会通过各种暴力革命手段迫使其解体或毁灭，称大众为野蛮人并非没有道理。而创造和引导着文明的，历来是少数精英而非大众。大众只有强大的破坏力，且其意志永远会退回野蛮阶段。懂得高瞻远瞩、未雨绸缪并制定复杂典章制度的是理性文明，是文化的高级阶段，只有在这个阶段的人，才能走出本能的控制。大众的所有行为无不证明仅靠其本身不可能实现这些目标。他们的确善于破坏一个旧世界，但也的确不知道如何建立一个新世界，这种纯粹破坏性的作用就和病毒传染一样。当一种文明结构即将崩塌时，使其彻底倾覆的，几乎总是大众。也只有在此时，大众的历史使命才清楚明了地呈现出来。人多势众的原则成了推动历史进程的唯一法则。

我们的文明也会面临同样的命运吗？事实让我们不得不产生这样的疑问，然而我们还不能给出肯定的回答。

不管情况如何，我们注定要屈从于群体的力量。这是因为他们的目光短浅，已经为他们清除了一切障碍。

虽然群体已经成为热门话题，但我们对群体的心理特征却知之甚少。一般心理学研究者主要关注个体的心理与生活，他们的研究与群体无甚关联，所以对群体心理学视若无睹。即使偶有学者将目光投向群体，也只是聚焦于犯罪群体。虽然犯罪群体的存在是确定无疑的，但他们却忽略了那些舍生取义的勇士群体和助人为乐的慈善群体等群体。犯罪群体只是其中之一罢了，因为一种特殊心理机制作用才导致了他们走上犯罪之路。所以我们不能仅仅通过研究犯罪群体来解析群体的心理特征，正如不能用个体犯罪来论证个人心理特征一样。

不过，从实际情况来看，所有伟人、宗教创始人、帝国开国君主、信仰的使徒和杰出的国家领袖，甚至小头目，都深谙群体心理学，虽然可能只是无意识的智慧。这些领导者对群体心理性格有着出自本能但却十分可靠的了解，所以能够轻而易举地确立自己的领导地位。比如拿破仑就非常洞悉法国的大众心理特征，但他对其他民族的群体心理则完全缺乏了解。而正是由于这种不了解，他在征讨西班牙时才会以为西班牙人会像迎接解放者那样迎接他们，但事实是西班牙把拿破仑的士兵当成猛兽而激烈反抗，结果是拿破仑征讨失利，陷入了致命的打击中。拿破仑尤其不了解俄罗斯人，所以征讨俄罗斯时才遭遇了灭顶之灾。如今，由于大众越来越难以统治，对那些不想再统治人民大众而只求当一个不被大众任意支配的政客来说，群体心理学已经成了他们最后的保障。

只有深刻地了解群体的心理后，才能明白法律制度为何对群体无能为力，才能理解群体有多么没主见。领导群体靠的不是纯粹的平等学说，而是情感。群体是情感的奴隶，只要找到能让他们动心的东西即可。

例如，打算实施新税制的立法者会选择最公正的税收方式吗？不，对群体来说，最“不公正”的才是最好的。那些清楚易懂、负担小的税收制度，才是最容易被人们接受的。每天为日常消费品支付一点儿税金，不会干扰群体的消费习惯，如此，征税就在不知不觉中进行了。倘若按薪资或其他任何收入的比例征税，让纳税人一次性缴一大笔钱，哪怕这种税制的负担比其他税制轻十倍，都会招致无数人的反对。

立法者深知，数额较大的支出，容易刺激人们的金钱损失想象，所以新税收制度常常用难以察觉到的办法实行。而这种远见，正是群体缺乏的。

这只是个简单的例子，人们很容易就能明白它有多适用。当然，这也没能逃过拿破仑这类深谙群体心理学的统治者的眼睛。但当代立法者却对群体的心理茫然无知，所以无法理解这一简单至极的原理。尽管也有无数经验教训，但他们仍然没能充分理解，大众从来不会根据纯粹理性原则的指导行动。

在其他方面，大众心理学也用途甚广，掌握了这门科学，才能真正地理解历史和经济现象背后的深层原因。如果不懂这门科学，历史和社会发生的各种事件都会让你觉得匪夷所思。

在这本书中就能看到，即使法国著名现代史学家泰纳（Hippolyte Adolphe Taine），对法国大革命理解也很片面，这便是他不懂人类的本性和大众心理学导致的。泰纳在研究法国大革命时，采用的是自然科学家惯用的考察方法，自然科学家研究的对象，绝少有情感或道德因素存在。然而，正是情感和道德这些要素，构成了历史发展的真正主流。所以，就实践效用来说，大众心理学非常且有必要研究。甚至可以说，仅仅因为好奇心，大众心理学也值得我们关注。破译人类的行为动机如同定义某种矿物或植物的属性一样有趣。我们对大众的研究充其量是一个简单而模糊的概括。因此，除了给大家一点建议性的观点外，不必对这本小书抱太多的奢望。未来的学者对大众心理的分析会更完备、更彻底。到目前为止，大众心理学仍然是一片未曾开垦的处女地，我们触及的，不过是粗浅的表层罢了。

译者序

《乌合之众：大众心理研究》讨论了个体与集体间心智交互影响博弈中的认知逻辑，涉及我们的认知陷阱，以及认知重建的优化，辩证地呈现出了公众在一定条件下表现出的智慧、客观、盲目、非理性等特点。尽管，作者仅是以法国大革命为反省蓝本的，但不妨碍它足以论证大众心理学的综合特征。

古斯塔夫·勒庞与 19 世纪的法国

在 20 世纪即将到来的时候，一本讲述法国民族文明历史的心理学名著《乌合之众：大众心理研究》一经出版便带来了世界性的轰动。作者古斯塔夫·勒庞以一个心理医生的视角，解剖人类行为偏好中隐藏的心理活动，以及产生这类心理活动的原因。这本连他自己都没太抱什么畅销希望的书在 1895 年出版后，至 1921 年已印到第 29 版，其居然以平均不到 1 年再版 1

次的速度疯狂地传播着。

这是一本什么样的书？以至于到今天我看着它时仍被震撼？说起来也很简单，作者以历史为研究资料和考证基础，以从医经历来反省历史心理学，对法国大革命以及欧洲群众运动进行分析，该书有全新的群体心理学的研究视角。

古斯塔夫·勒庞生于1841年，1866年在巴黎获得医学博士学位，由于出身于一个比较富裕的家庭，取得学位后便潇洒地周游世界去了。虽然他主要学的是医学，但在游历期间却写了诸多人类学和考古学方面的著作，研究领域远远没有局限在他的专业里。

19世纪的法国可以说是个“火药桶”，革命与战争几乎成了家常便饭，法国大革命使法国乃至欧洲的民族秉性都发生了逆转，法国的近代史无不渗透着“大革命”的痕迹。启蒙运动发生在法国大革命前，以法国为中心向欧洲蔓延，启蒙运动提倡相对理性科学——建立在逻辑根据之上而不是宗教性的“你不用考证，你只需要相信”，它是欧洲历史上第二次思想解放运动。然而，作者敏感地意识到了，人们的灵魂仍然处于强大的“集体无意识”的宗教意识之中，我们依然是自己信念的狂躁分子，所以只要看见自己觉得对的理念，便会义无反顾地追随下去，最多受时间限制。宗教兴盛的基础是：大部分情况下，让你省力少麻烦，信就好，不用费时费力地去探索。但由此带来的巨大弊端，也显而易见。而本书作者，便辩证性地讨论了集体无意识情感本能行为可能出现的大部分情况。

这点要从16世纪的文艺复兴说起，以意大利为中心的一些艺术家们用文学艺术来反对宗教禁欲主义，追求个性解放和尘世的幸福。在科学技术与工业革命的刺激下，启蒙运动的重点转到“自由、平等、博爱”的人文思想上来，孟德斯鸠主张“三权分立”，伏尔泰主张天赋人权和信仰自由、法律面前人人平等，卢梭主张政治上倡导君主立宪等。启蒙运动直接为美国独立战争和法国大革命准备了思想武器。然而，法国大革命的结果却远没有思想家们设计的那样完美，他们处死了国王路易十六，却匍匐在皇帝拿破仑的脚下，他们赶走了查理十世，扶植上台的路易·菲利普，这些人并不代表普通民众的利益。

1848年的法国，在贫困中艰难度日的工人和学生们又一次走上巴黎街头，“二月革命”爆发了。那一年古斯塔夫·勒庞7岁，他应该清清楚楚地记得起义中的人们激昂地与政府军作战，他们把家里能当武器的东西都拿了出来，构筑街垒，一些平时胆小怯弱的人突然间像吃了兴奋剂一样，冲锋陷阵、视死如归。人民胜利了，法兰西第二共和国成立了，所向无敌的皇帝拿破仑的侄子路易·拿破仑·波拿马是他们的新总统，然而起义的结果很快又被埋葬了，这个人一辈子就没干过什么正事，24岁时他产生了继承伯父未竟事业的幻想，于是他开始蛊惑人心、煽动政变，其结果是坐牢、流放。近乎小丑的人物却堂而皇之地以全民公决的高票当选法兰西第二帝国的皇帝，整个欧洲为之瞠目，这等于是全民同意断送民主与共和。这些事发生在勒庞的童年时代，事件越荒唐越能刺激人的反思，这一切于他来说，实在是人生最重大的经历之一，以及思想形成的重要开端。

1870年，勒庞在巴黎开始行医，刚开始工作就遇到法国色当战败，9月4日，巴黎人民革命，貌似庞大的第二帝国轰然倒塌，然而，外有普鲁士军队围城，内有“巴黎公社”无政府状态的混乱与荒诞，这种内外失控的状态整整持续了半年多。

直到 1871 年 5 月，勒庞已经 30 岁了，他亲眼看到日后他书中所描述的情景，“激进主义者巴贝夫有个建立集体公社的构想，他要求由集体掌握国家财产，建立以农业为中心的经济体系。于是，花草被挖，树木被砍，建筑被毁。更荒唐的是，公社社员制作了各种各样的‘许可证’，持证人可以随心所欲地娶妻纳妾，不计其数的女性成为受害者。”

他总结：群体的表现是如此的弱智与平庸，它可以让一个守财奴变得挥霍无度，把怀疑论者改造成信徒，把老实人变成罪犯，把懦夫变成豪杰。群体是野蛮的玩偶，是偏执、专横、非理性和保守的代名词，很容易做出极端的行为来。

他在纷纭杂乱的现象里寻找客观的规律，他在延续 100 年的法国政治运动中，看到了隐藏在背后的法国民族和全体人类的某些共同特质性格特质——这类性格特质又是由一种共同的心理造成的，正像独裁政府并不出于独裁者的选择一样，独裁者通常比民主人士更能迎合民众的短暂需求。

个体与群体的精神分析

奥地利医学博士威尔海姆·赖希写了一本《法西斯主义群众心理学》，他以德国法西斯主义泛滥为分析对象，用弗洛伊德心理学为理论依据，从另一个角度对群体现象进行解剖。如果说勒庞用的更多是社会学的分析方法，那么赖希的理论主要倾向于内在心理的原始动机。

勒庞活得很长，除了写书以外的生活基本上是循规蹈矩的，赖希的一生则充满了戏剧色彩。他也认为人类被某种性欲的能量所支配，因此，他试图把社会革命、政治革命、心理革命与性革命结合起来，以像耶稣一样去拯救苦难的心灵。也许是他的理论太超前，无论是法西斯主义还是共产主义都坚决反对他，不管是无产阶级或者资产阶级都没能接受他的理论。他将本我、自我、超我改造成影响人格心理的三个层次，提出人类的情感需求有：绝对安全感、绝对控制感和绝对造反欲，因此并不是希特勒欺骗大家，而是每个人身上都具有法西斯主义的因子。越是觉得自己卑微无能，越是容易把自己附着于伟大民族、强权领袖、宗教主义或国家荣誉上，正是这种情绪，使得一些少数理念像瘟疫一样在群体中传染，非理性逐渐占据上风——不管对不对先信了再说，至少“我”感觉大部分是对的。赖希又一次证明了勒庞的论述：“群体处于自我认知幻觉的影响之下……凡是能向他们兜售幻觉的,都能容易地成为他们的主人。”

人类的悲哀在于，有了勒庞和赖希这样的智者也还是没能避免癫狂群体的破坏，就像骗子与上当的人，过去有，现在有，未来还会有。我们不仅看到俄国十月革命后，推翻了沙皇统治的俄国人民不但没有享受到自由与民主，反而被更具压迫性的极权政治所奴役。那些喊着斯大林同志万岁而前仆后继的战士们，他们并没有意识到他们保卫的是一个把苏联变成劳改营或教养院的人，人们爱戴的是一个剥夺了自己权利的人。《古拉格群岛》便是一面极权统治的镜子，我们看到的是统治者对人民从心理到肉体无所不用其极的酷刑，以及欲加之罪何患无辞的荒谬司法，外加告密与出卖盛行的社会道德的彻底沦丧。我们也看到群体组织的力量是如何以少胜多的，因为被摧残的绝大多数，是并无多少直接利害相关的一盘散沙，无法形成有效组织以对抗暴政的少数群体。

成也，集权，败也，极权。

作者对法国大革命的观察、反思、追问，乃是作者对人类共同惨烈境遇的悲鸣，以至于形成了带有强烈个人情感倾向的表述，成了很多人眼中的“偏见”。

关于偏见

由于中译名的原因，大家容易认为这本书是对群体的偏见，因为中国成语里的“乌合之众”，比喻的是混拼杂凑在一起的毫无组织纪律的人群。《管子》曰：“乌合之众，初虽有欢，后必相吐，虽善不亲也。”有一定贬义成分。显然，英译本《The Crowd: Study of the Popular Mind》更接近作者原意，即“群体”。“群体”不仅包括普通百姓组成的群体，也包括贵族和所谓的“精英”阶层组成的群体。勒庞的本意是说处于群体中的人容易丧失个人理性（“理性”是狭义上的相对概念，因为“理性”并不存在，仅是相对“感性”中易冲动那部分的人性中，较能冷静地“感性思考”的一面），被情感操控，并不只是在说广大人民群众都是一帮“乌合之众”。并且，作者还专门分析群体中领袖的心理和手段。如果认为勒庞的理论是源自对大众聚集在一起的非理性鄙视，那可能恰是我们的译本仍然用了诸多歧视性表达的原因，我会尽量避免这一点。

这部被奉为经典的著作其实就是一本很薄的小册子，算不上什么鸿篇巨制，大多理论内容还和作者的其他作品有重复。当然，作者在男性的角度上，难免会使用“产生这种误解的经常是女性和儿童，即最没有主见的人”这样的话。毕竟，在勒庞和他之前的时代，女性接受优质教育、参与社会活动的机会很少，在家庭生活中也被视为男性的附属品，确实缺乏主见容易盲从，但这是社会普遍现象，并不是说勒庞对女性和儿童有偏见（译注：因“妇女”一词在英文里有明显歧视和侮辱，故不再译为“妇女”，译为“女性”）。

勒庞不是一个种族主义者，但他确实根据自己的观察得出了盎格鲁－撒克逊人比拉丁民族更严谨理性的结论。在他看来，拉丁民族是比较荒唐和愚昧的。一个民族的传统确实对人的影响很大，不过这种影响并不是存在于种族基因里的。正如东德和西德，没有什么种族区别，但为什么差别会那么大呢？

书中也有对中国的讨论，虽算不上偏见，之所以显得有偏见，主要是勒庞对“传统”的力量的过分高估和样本采纳不足。他认为“如果一个民族使自己的习俗变得过于牢固，它便不会再发生变化，于是就像中国一样，变得没有改进能力。在这种情况下，暴力革命也没有多少用处，因为由此造成的结果，或者是打碎的锁链被重新拼接在一起，让整个过去原封不动地再现，或者是对被打碎的事物撒手不管，衰败很快被无政府状态所取代。”中国的传统习俗的确是异常的牢固，西方的那些血腥暴力革命对中国历史来说简直不值一提。中国是有“打碎的锁链被重新拼接在一起”的情况，但并没有“让整个过去原封不动地再现”。勒庞说“群体的意见和信念是被时间装备起来的，改进需要足够的时间”，但这两种情况用的时间其实是一样的。历史的车轮从来不会完全碾压一模一样的痕迹。中国在一段历史里进步缓慢，只不过是特殊的地理环境形成的特殊传统和制度导致的，未必真的落后，只能说某些传统和制度不太适应于开创性的科技和人文关怀进步，不能更好地关注个体幸福。

历史不一定会告诉我们应该做什么，但它可以告诉我们应该避免什么。

关于大众社会论的著作并不少见，所以丹尼尔·贝尔在《意识形态的终结》中说：“在当今西方世界，除了马克思主义之外，最有影响的社会理论也许就是‘大众社会’理论了。”但还没有一本关于大众力量崛起的心理学著作像《乌合之众：大众心理研究》这么有影响力。连美国的实验心理学创始人、社会心理学家高尔顿·奥尔波特（Gordon Willard Allport）也在著名作品《社会心理学手册》（*A Handbook of Social Psychology*）中如此评价勒庞的这本书：“在现有的所有关于心理学研究的书籍中，没有任何一本可以与这本媲美。”早在 1920 年，梁启超等人所译的《尚志学会丛书》和《共学社丛书》中就有勒庞的著作。著名哲学家、政治活动家张东荪赞其作品精邃绝伦。

勒庞说：“由于任何一种精神结构都包含无数种性格的可能性，环境突变会让这种可能性表现得更为突出……如果不在一个群体中，有些闪念或感情，独立的个人根本就不会产生，即使产生，也不可能变成行动……人多势众产生的力量，会使群体成员表现出孤立个人不可能有的情绪和行动……群体的行动是被情感激起的，也被情感主导的，这种感情的强弱程度，直接决定群体的行为能力。”而且，群体感情极端且夸张，所以，“群体只擅长把情感提升到极高或极低的境界。不幸的是，群体感情的夸张倾向，通常把人类的恶劣表现到极致。”

勒庞之著作在世界上影响极其之大，有着“尼采以后最伟大的作家”之美称的西班牙作家奥尔特加·加塞特，其思想就深受勒庞影响，在他的代表作《大众的反叛》一书中，随处可见勒庞的大众心理学观点。加塞特认为，世界的扩张和生活的改善是大众力量崛起的根源，他的观点和勒庞的观点一致。《大众的反叛》（刘训练、佟德志译版）42 页：“在普选制度下，大众并没有做出决定，他们的角色仅仅是服从这个少数群体或那个少数群体做出的决定……”这一结论明显基于勒庞的观点：“选民的意见和选票都被操在选举委员会的手里，领袖人物通常都是些有名的政客，为了达到目的，他们向工人阶级承诺各种好处——他们深谙将改头换面的个人意愿变成群体意识，以此来获得大众的拥戴。”

勒庞著作很多，其中包括《社会主义心理学》《法国大革命和革命心理学》《战争心理学》等。但这一本，畅销百年经久不衰。

书中诸多伟大预见性言论,限于篇幅,此处就不一一列举了。论及系统性与深刻性，勒庞之作品虽不及孟德斯鸠和托克维尔等人，与他屡屡提到的历史学家希波蒙特·泰纳相比，其声望也逊色不少。当然，也有人对勒庞的写作方法表示质疑，比如通篇只有例子和观点，没有论证等，关于这点就各抒己见为上但本书凭借对大众心理的精辟剖析，仍不失为一部当之无愧的社会心理学经典名著。

此译本对一些表达进行了更为中性的修正，翻译存在许多缺憾，希望读者在阅读过程中合理取舍，欢迎指正。

夏小正

目 录

C O N T E N T S

第一卷 群体的心理

第一章 群体的一般特征 / 003
第二章 群体的感情观和道德观 / 018
第三章 群体的观念、推理与想象力 / 056
第四章 群体采取的宗教信仰形式 / 073

第二卷 群体的意见和信念

第一章 群体意见和信念中的间接因素 / 085
第二章 群体意见和信念中的直接因素 / 109
第三章 群体领袖及其说服的手法 / 127
第四章 群体的信念和意见的变化范围 / 163

第三卷　不同群体的分类及其特点

第一章　群体的分类 / 181
第二章　犯罪群体 / 187
第三章　刑事陪审团 / 197
第四章　选民群体 / 206
第五章　议会 / 218

第一卷

群体的心理

第一章　群体的一般特征

提要：从心理学角度看群体的构成 / 大量的个人聚集在一起并不足以构成一个群体 / 群体的心理特征 / 群体中个人思想感情的固有变化以及个性的消失 / 群体总是受无意识因素的支配，大脑活动的消失和脊髓活动的得势 / 智力的下降和感情的彻底变化 / 这种变化了的感情，既可以比形成群体中的个人的感情更好也可以更坏 / 群体既易于英勇无畏也易于犯罪

从心理学角度看群体的构成

“群体”是指聚集在一起的一群人。不论国籍、职业或性别，也不管什么原因让他们聚集到了一起。一般来说，“群体”里的人，仍然是独立的个体——没有一致的目标，没有共同遵守的纪律，虽然这些人暂时组成了人群，但这些人也只是很偶然

地聚在一起，每个人仍然是独立的，和他自己一个人的时候没什么区别。

但如果从心理学的角度来看，“群体”则有完全不同的意义。在特定条件下（且只有在这些条件下），聚集成群的人会表现出某些新的特点：大家的自觉人格消失了，情感和思想转向了同一个方向——集体心理得以形成。集体心理的形成无疑是短暂的，然而它却表现出了一些非常明确的特点。这些人一旦进入聚集成群的状态，就会变成一个有组织的群体。换个也许更为可取的说法就是，一个心理群体。它形成了一种独特的存在，统一受群体心理法则支配。

不言自明，一千个偶然聚集在公共场所的人，由于没有任何明确的共同目标，因此只能看成一群聚在一起的人。这一群人并不会因为聚集在一起就变成有组织的群体，要想具备组织化群体的特征，得有某些前提条件作用。我们接下来会讨论它们的性质。

意识人格的消失和情感、思想向一个明确方向的转变，是即将形成有组织的群体的主要特征。有时，五六个不在一个地方的人就可以形成一个心理群体，而偶然聚集在一起的人，即使成百上千也未必能形成一个心理群体。这就是说，不一定非得同时聚集在一个地点才叫群体，只要大家在某段相同的时间里,考虑着同一个问题,那么这些独立的个人就形成了一个群体。比如在重大民族事件的影响下，成千上万的独立个人便会产生一种共同的心理特征。在这种情况下，一个偶然的事件就能让他们闻风而动，并做出只有在群体中才有的行动来。尽管任何一个民族或国家的人都不可能全部出现在同一个地方——毕竟人数太多了——但是在特定的因素影响下，不管他们在哪里、彼此之间的距离有多远，因为关注着同一件事，他们的思想感情便有了共同的诉求，这个民族的人也会形成一个心理群体。

心理群体形成之后，就会表现出一种短暂而又十分鲜明的普遍特性来。除此之外，群体还会表现出一些附带的特性。所有群体都有一些共同的特点,无论这个群体是由什么人组成的。不过，由于群体的主导诉求不同和构成成员不同，因而它的附带特性和精神结构也会发生变化。

给心理群体分类不难。当我们深入研究这一问题时就会发现心理群体主要有两大类：一类是由生活背景（性格、心理需求、社会背景等）不同的人组成的异质性群体；另一类是由有一定相同生活背景（如共同的信仰、阶级或圈层）组成的同质性群体。异质性群体和同质性群体有一定的共同特征，它们之间的唯一区别就是形成群体的组织诉求不同。

但我们在深入研究不同群体之前，必须先考察各种群体的共同点。要像自然科学家一样，先研究族系全体成员的共同特点，然后再研究是什么具体特点使该族系产生了分类。

要对群体心理做出精确描述是相当困难的。它不仅有种族和构成方式差异，还有支配群体心理的刺激因素、刺激性质和刺激强度差异。诸多因素变化使群体心理学研究变得困难，不过个体心理学也同样要面对这些问题。

我曾在其他书里说过："由于任何一种精神结构都包含各种性格的可能性，环境突变会让其中某些可能性表现得更为突出。"一生都不改变性格的人只存在于小说中，现实里也只有完全一致的环境才能使族群性格明显单一。这就解释了为何法国国民公会中那些最残暴的成员竟然都是些平时和蔼可亲的人。

在环境正常的时候，他们是安守本分的良民，是体贴民众的官员，但当环境发生剧烈变化时，他们表现出的可能是前所未有的邪恶与残暴，其程度就连他们自己都无法相信。暴风雨过后，他们便恢复了平时那和蔼可亲、平易近人的样子，变回了老实的守法公民。不少暴民最后都成了拿破仑的恭顺臣民。

我暂时无法对组织强弱程度不同的群体进行全面的研究，只能把研究重点放在那些已经有了完全进入组织结构化阶段的成熟群体上。这样我们就能了解群体最后可以变化到什么程度，这有别于初期的形成和发展。只有进入发达的组织化阶段，构成种族或群体的主要特征，才会表现出新的属性来。这时，群体的全部感情和思想变化才会表现出明显的一致性，只有在这种情况下，群体精神从趋同到统一的心理学规律才开始规模化地产生影响。

有一些群体人的心理特征与他们作为孤立的个人时没有什么差别，而有一些则完全为群体所特有，只有在群体中才能观察到。我们研究的正是这些为群体所特有的心理活动规律，以便揭示它们是如何对群体成员产生影响的。

一个非常突出的心理群体特征表现如下：不管是谁组成这个群体，不管他的生活方式、职业、性格、智商如何，只要他在一个群体里，他就拥有和该群体其他成员一样的情感——我们称之为集体心理。集体意识使他和平时的自己处于隔离状态，使他感觉、思考以及行动的方式和平时的截然不同。如果不是因为在群体中，有些思想或感情，独立的个人根本就不会产生，即使产生，也不可能变成行动。心理群体是一个由异质成员组成的短暂结合。当足够数量的不同个体聚集在一起的时候，就像是诸多构成生命体的细胞一样，成为生命体的细胞的特点，与它作为单个细胞的特点相比，虽然没有彻底不同，但也发生了很大的变化。

与赫伯特·斯宾塞这样睿智的英国哲学家的观点不同。人们发现，群体心理并不是所有成员个体特点构成的总和，而是新特征的组合和创造。群体心理特征就像酸、碱经过化学反应后形成的新物质一样，新物质所具有的属性完全不同于此前的酸和碱。

找出群体中的个人与孤立个人的不同并不困难，难的是找出这些不同的原因所在。无论如何，想要了解群体心理特征的成因就必须牢记这一现代心理学认可的发现：无意识主导着我们的一切心理活动。除了在有机体的活动中发挥强大的作用外，无意识在智能活动中也发挥着绝对压倒性的强大影响力。与心理生活中的无意识因素相比，有意识因素的作用微不足道。即使那些分析力最细致的人和观察力最敏锐的人，最多也只是找出一点支配自己行为的无意识动机罢了。有意识行为源自无意识的深度结构，而这种结构基础主要受遗传的影响，它包含先祖遗传的某些东西，正是这种东西构成我们种族的灵魂。我们的行为可是无意识因素产生的结果，但毫无疑问的是，我们只能观察到结果，没法说明原因。在所有无法说明的原因背后，隐藏着我们一无所知的一切。我们很多日常行为都是我们无法了解的隐秘动机的结果。

一个更为显著的事实是：无意识构成了人类种族的先天本性，同一种族的个人之间有着十分相似的心理特征。而他们之间的不同主要是教育和遗传的结果，不同的教育和遗传使他们性格在有意识方面产生巨大的差异。虽然人们在智商上的差异非常大，但他们本能和情感却有很大的一致性。在对待包括宗教、政治、道德、爱憎等属于情感领域的每一件事情的态度上，智商再怎么杰出的人，也不见得比凡夫俗子高明多少。一个伟大数学家和鞋匠之间的智商可能有天壤之别，但就性格来说，他们之间的差别微乎其微，甚至根本没有。

无意识因素支配着我们的普遍性性格特征，同一种族中绝大多数人的性格特征，都有着相当高的相似性。我个人认为，正是这些相似度极高的普遍性特征变成群体的共同属性。集体心理削弱了个人的独特才智的同时也削弱了他们的个性。个体的异质性被集体的同质性吞没了，无意识特质成了主导。

一般来说，群体只具备普通平凡的素质，这就解释了为什么群体难以完成对智能要求较高的工作。涉及群体利益的决策基本是由精英人士做出的，但是精英群体的决定，却并不比一个由低能儿组成的群体的决定更高明。再睿智的精英人士一旦受困于集体无意识，便会沦为平庸之辈，只能像普通人一样用平凡的能力来处理工作。群体中累加的只有原始的愚蠢而不是才智。如果“整个世界”指的是群体，那就根本不是人们常说的“整个世界一定会比伏尔泰更聪明”，而是说伏尔泰比整个世界更聪明。

如果群体中的个人只是把他们平凡素质集中表现出来的话，那群体产生的全新特点又是如何形成的呢？这正是我们要探讨的问题。不同的原因决定了哪些心理特征为群体所独有而非孤立的个人具备的，这些特点对个体成员起着决定的作用。

首先，单是从数量上来说，群体中个人也会感觉到集体力量的势不可挡，这种力量使他屈服于本能。当他的个人意志与群体意志一致时，他便敢和集体一起发泄自己的本能冲动和欲望，而在独自一人不得不为自己本能的冲动和欲望负责时，他就必须限制自己的行动。他很难约束自己产生的念头：群体是个无名氏，个人不必承担责任。如此一来约束着个人行为的责任感便消失了，他便会肆意妄为。

其次，是传染效应，传染效应不仅对群体的特征起决定性的作用，还决定群体的倾向。传染效应是否存在虽然很容易确定，却不易解释清楚，姑且把它看作一种催眠方法来进行研究。在群体中，每种感情和行动都有传染性，其程度足以使个人随时准备为集体利益牺牲个人利益，而这正是与个人与生俱来的天性极为对立的情感倾向，如果不是成为群体中的一员，则很难产生这种情感倾向。

有的人的情绪能迅速感染另外一些人，有的人则很容易被其他人感染。有的情绪特别容易在群体中传染开来，而另外一些情绪却不见什么效果。感性、本能的情绪特别容易传染，而理智的、冷静的情绪在群体中则难以发挥作用。一个被群体情绪传染的人，心中会笼罩着堪称壮怀激烈的感情，这种感情会让他变成一个完全不像自己的人。

不是每个人都一定会被群体情绪传染，但若有人没有被集体情绪感染，那么他就会沦为群体感情的敌人。被传染了的群体以完全非理性的方式主宰这个世界，他们为所欲为，直到群体消散，这种极端情绪才会平息。

再次，是暗示效应，暗示效应容易使群体失去自我人格，这是群体心理特征里最重要的控制机制。大多数时候我们都还算相对理性，知道是非善恶，也知道趋利避害。但这种理性只在作为独立的个体时才会发挥作用。一旦进入群体，上述的行为能力与制约作用就消失了，个人被带入一种完全失去人格意识的状态，与孤立的个人的心理特点截然相反。接受了暗示的人会对使自己失去人格意识的暗示者唯命是从，做出一些与自己的性格和习惯极为矛盾的行为来。

如果我们仔细观察就不难发现这样一个事实：长时间参与群体行动的个人，往往会在群体发挥的催眠影响或在一些不明的作用力之下，像被催眠一样陷入一种极度兴奋而迷幻的无意识状态。大脑的活动被抑制了，服从脊髓的无意识行为——这时候的个人变成了被催眠师随意支配一切无意识活动的奴隶。有意识的自我人格消失于无形，原本的意识力与判断力也荡然无存，一切思想和感情全部沦为被随意支配的对象。

心理群体中的个人状态大概如此，他们就像被催眠的人一样，某些能力被削弱、削除，某些能力能得到极大的强化。在暗示效应的影响下，他会因为难以抗拒的冲动而行动。这种暗示对群体中的所有个人都有同样的作用，而他们间的相互影响更会使其力量大增。个性强大到足以抵制这些暗示的人寥寥无几，根本不可能逆势而行。最多也就是根据不同的暗示另辟蹊径。

有时，要阻止群体的血腥暴行，只需要一句煽动的语言或一种被赋予了特定意义的形象（如图腾）便可以了。

潜意识这个潘多拉的盒子一旦被打开，就会释放出大量的、本能的冲动的力量。暗示效应以一种难以置信的力量替代了群体成员的个体自我人格。也许集体心理只是将某种蛰伏力量唤醒而已，一旦这种力量被唤醒，群体自我人格就会迅速被这种强大力量湮没。

现在，我们已经明白了群体的心理特征，即无意识人格占了上风时，有意识人格就消失了，思想和感情在暗示效应和传染效应的作用下，所有个人意识转化共同的集体意识，群体就有了立刻把暗示信息变为行动的倾向。这些正是群体中个人所表现出来的主要特点。他们不再是他们自己，而是不受自我意志支配的木偶。他们不仅在行动上与本人平时的表现完全相反，思想感情也与平时完全不同。个人做事时有着明确的目标，但是群体成员却不知道自己在做什么。正如生物本身有行为目标，但构成生物的细胞，却不知道自己在做什么。

换句话说，仅仅融入群体这一行为，就足以使个人在文明阶梯上倒退好几步了。独立的个人可能很有教养，在他的独立意志存在的时候，或者在他拥有正常的智力的情况下，至少是能够对自己的语言行为有所约束的文明人。一旦沦为群体成员，他就立即退化成原始人，退化成一个行为受本能支配的动物。他残暴而狂热，表现出原始人的热情和英雄主义，和原始人更为相似的是，他甘心让自己被各种言语和形象打动。而组成群体的人在孤立存在时，这些言语和形象对他根本不会产生任何影响。成为群体成员时，他会情不自禁地做出同他最显而易见的利益和最熟悉的习惯截然相反的举动。群体中的个人，不过是随风飘荡的一粒沙。

这就是为什么陪审团会做出陪审员个人根本不赞同的判决，议会实施着议员个人都不可能同意的法律和措施。法国大革命时期，国民公会的委员们，都是举止温和的开明公民。但是当他们结成一个群体时，却毫不犹豫地支持最野蛮的提议，把完全清白无辜的人送上断头台，并且一反自己的利益，放弃他们不可侵犯的权利，残害同胞，滥杀无辜。

群体中的个人不但在行动上和他独自一人时有着本质的差

别，甚至在完全失去独立性之前，他的思想和感情就已经发生了变化。这种变化非常深刻，可以让一个守财奴变成败家子，把怀疑论者改造成信徒，把老实人变成凶徒，把懦夫变成英雄。1789 年 8 月 4 日那个至今令人费解的晚上，法国的贵族一时激情澎湃，毅然投票放弃了自己的特权，如果他们作为独立个人来考虑这件事的话，绝对没有一个人会同意。

通过以上讨论，我们得出的结论是：群体的理性智商总是低于孤立的个人，但是从感情及其行为来看，群体却可以比个人表现得更好或更差，这一切取决于群体所接受的暗示性质是什么。这个关键点完全被那些只从犯罪角度研究群体心理特征的作家误解了。一些群体固然常常是罪犯，但英雄往往也是他们。正是群体而非孤立的个人，会不顾一切地慷慨赴难，为一种信仰或观念的胜利，怀着赢得荣誉和尊严的热情赴汤蹈火。就像十字军东征那样，在几乎没有粮草和装备的情况下，向异教徒讨还基督的墓地。也只有作为群体时，他们才会像这样；就像 1793 年那样，法国在反法同盟的强大攻势之下，国民既没有粮食又没有武器，却奇迹般地击退了反法同盟的进攻，以一种大无畏的革命英雄主义拯救了法兰西共和国。毫无疑问，这种英雄主义有强烈的无意识的成分，然而正是这种英雄主义创造了历史。如果人民做“大事”之前都要深思熟虑，那历史便不会留下多少关于他们的记录了。

第二章 群体的感情观和道德观

提要：群体的冲动、多变和急躁/所有刺激因素都对群体有支配作用，并且它会不停地发生变化/群体不会深思熟虑/种族的影响/群体易受暗示和轻信/群体服从暗示/把头脑中产生的幻觉当作现实/为何这些幻觉对组成群体的所有个人都是一样的/群体中有教养的人和无知的人没有区别/群体中的个人受幻觉支配的实例/史书的价值微乎其微/群体情绪的夸张与单纯/群体不允许怀疑和不确定/群体的感情总是走极端/群体的偏执、专横和保守，这些感情的缘由/群体面对强权卑躬屈膝/一时的革命本能不妨碍他们极端保守/对变化和进步的本能敌视/群体的道德可以比个人高尚或更卑下/解释与实例/群体很少被利益左右/群体的道德净化作用

在简明扼要地说明了群体的主要特点之后，我们还要仔细

考察这些特点的细节。

应当指出，群体的某些特点，如冲动、急躁、缺乏理性、没有判断力和批判精神、夸大感情等，在进化形态低级的生命中经常可以看到，例如女性、儿童和野蛮人。不过这一点我只是顺便说说，并不打算论证。因为这对熟悉原始人心理的人来说纯属多余，也很难让对这种心理学不懂的人相信。

因此，我将讨论可以在大多数群体中看到的各种特点。

群体冲动、易变、急躁

我们在研究群体心理的基本特征时就曾指出，群体几乎完全受无意识动机的支配，他们的行为与理性或智慧无关。尽管就表现而言，他们实施行为的执行力可能非常好，然而他们的行为不是受大脑而是脊椎神经的支配，这不过是一种本能反应而已。我们完全可以将群体视为一个对文明一无所知却充满破坏欲望的野蛮人——群体的思维与行为和原始人非常相似。

群体是刺激因素的奴隶，所有刺激因素都能控制群体，并且群体的反应会随着刺激因素的变化而不断变化。所有施加于群体的刺激因素，也同样作用于独立的个人，孤立的个人也同样会对这些刺激因素产生感觉或反应，也会参与到激烈的行动中去，但与群体中的个人不同的是，独立的个人意志和意识仍然是清晰的，仍然在发挥作用。当大脑警告他参与某些行动不明智时，他就会有意识地控制自己的行为。这一道理用心理学语言来表达，即孤立的个人具有主宰自己的反应行为的能力，群体则缺乏这种能力。

刺激因素的类型决定了群体的行为是慈悲的还是残忍的、强硬的还是懦弱的。但无论是何种刺激因素，其产生的冲动都十分强烈，个人利益，甚至生死也难以与之相提并论。刺激群体的因素多种多样，而总是被各种刺激支配的群体也因此而变化。这解释了为什么群体可以在转眼之间就从嗜血的狂热分子变成慈悲为怀的英雄。群体既容易充当刽子手，也很容易成为慷慨的殉道者。为每一种信仰的胜利而不惜血流成河的，正是群体大众。不用回顾群雄并起的时代就能知道，群体在起义中从不吝惜自己的生命。就在不久前，G. 布朗热将军突然声名大振，只要他一声令下，就有十万人甘愿为他赴死。

因此，不为行动做规划的群体，会先后产生最自相矛盾的情感，他们总是受当下刺激因素的影响。他们就像被风暴卷起的树叶一样四处飞舞、散落。我在后面研究革命群体时，会列举一些他们情绪多变的例子。

群体的这种变化多端使得其难以被管理和统治，公共权力落到群体手里时尤其如此。一旦日常生活中的必要事务失去了约束力，民主便几乎不可能持续了。此外，群体虽然有各种狂乱的愿望，但却不会持久。普通群体没有能力或根本不想做任何深远谋虑或思考。

群体不仅像野蛮人一样冲动、多变，他们还认为，实现愿望的道路上不会有障碍，他们没有能力理解这种障碍，因为数量的优势使之以为自己势不可挡。对于群体中的个人来说，不可能的概念消失了。孤立的个人却很清楚，在孤身一人时，他不能焚烧宫殿或洗劫商店，即使受到这样做的诱惑，他也很容易抵制这种诱惑。但是，在成为群体的一员时，他就会激发出人数赋予他的力量，这足以让他生出杀人劫掠的念头，并且会立刻屈从于这种诱惑。所有障碍会被狂暴地摧毁。人类机体的确能够产生大量狂热的激情，因此可以说，愿望受阻的群体所形成的正常状态，就是这种激愤状态。

种族的基本特点是我们产生一切情感的不变来源，它也总是会对群体的急躁、冲动和多变产生影响，正像它会影响到我们所研究的一切大众感情一样。所有的群体无疑总是急躁而冲动的，只是程度不同而已。例如，拉丁民族和盎格鲁－撒克逊民族就有十分显著的差别。法国最近发生的事件就为这一点提供了生动的说明。1870年，仅因为普鲁士首相俾斯麦公布了一份很有挑战意味的“埃姆斯”电报就引发了众怒，结果是立刻引发了一场可怕的战争。同一时期的英国，在远征喀土穆时也遭受了非常惨重的失败，国内只有轻微的不满情绪，一个被解职的官员都没有。任何群体都有些“女人气”，拉丁族裔群体尤甚，凡是赢得他们信赖的人，命运会立刻为之大变。但是，这样做无异于在悬崖边上散步，指不定哪天就跌入深渊。

群体和野蛮人一样冲动而多变，并不管愿望和现实之间有什么障碍。在宗教裁判盛行的欧洲大陆时代，神职人员随意用火刑惩罚他们不喜欢的人，或者给那些可怜的人们套上铁皮靴，再往铁皮靴里灌满滚烫的铅水，最后命令人把铁皮靴砸了。这样毛骨悚然的事情，在罗马教皇时代是屡见不鲜的，天文学家布鲁诺就因为公开追随日心说——科学——而被教会烧死。正如一位主教曾经说的："讨论地球的性质和位置，绝不能帮助我们实现对来世的希望。"一切不符合教义的主张都是教会的障碍。由此可见，群体意识里没有障碍一说，即使是有，那也是充满敌意的挑衅。

群体能够产生大量狂热的激情，愿望受阻的群体很容易就进入激愤状态，任何障碍都会被粗暴地摧毁。希帕蒂娅的遭遇很好地说明了这一点，她是古埃及著名的数学家和哲学家，美貌出众，学识渊博。但在当时，基督徒认为哲学和科学都是要被禁止的异教活动，希帕蒂娅因此成了牺牲品。

一天晚上，希帕蒂娅在回家的路上遭到了一群暴徒的袭击。暴徒把她从马车里拖了出来，把她剥得一丝不挂后，用石头砸死了她。她的眼睛被挖了出来，尸体被肢解，残缺的遗体则被扔进亚历山大图书馆焚烧。在这些暴徒看来，希帕蒂娅的博学是他们信仰的障碍，粉碎这个障碍，就成了群体的当务之急。

群体没有不可能的概念，独立个人可以轻易分辨的是非，群体却无法理解。孤立的个人不会焚烧宫殿或洗劫商店，即使受到诱惑也能抵制。因为，个人实施行动非常困难，而且难以逃脱法律的制裁。所以，一个人纵有激烈的反社会思想，也很清楚自己在犯罪。但当他成为群体中的一员时，群体没有负罪意识，群体意味着约束解除——数量即正义。任何一个人融入群体时，他就会认为自己是天然正确且合法的，并意识到这种群体的绝对数量赋予他的力量。除了人数赋予他的力量外，法不责众的思想也释放了他的本能，这足以让他生出杀人劫掠的念头，并且付诸行动。数量还给了他一种正义的错觉，在杀人劫掠的时候他并不认为自己是邪恶的，反而会生出一种大义凛然的情绪。

群体轻信，易受暗示

我们曾经说过，群体的普遍特征之一是极易受人暗示，我们还指出了在一切人类集体中暗示的传染性所能达到的程度，这也解释了群体感情为什么能向某个方向迅速转变。不管人们认为这一点多么无足轻重，群体通常总是处于一种期待关注的状态中，因此很容易受人暗示。最初的暗示通过相互传染，会很快进入群体中所有人的头脑，群体感情的一致倾向会立刻变成一个既成事实。

正如所有处在暗示影响下的个人所示，进入大脑的念头很容易变成行动。无论这种行动是焚烧宫殿还是自我牺牲，群体都会在所不辞。一切都取决于刺激因素的性质，而不再像孤立的个人那样，取决于受到暗示的行动与全部理由之间的关系。

于是，群体永远漫游在无意识的领地，随时听命于一切暗示。他们失去了一切批判能力，表现出非理性的狂热，除极端轻信之外再无别的可能。群体存在不可能的事情，如果想拥有编造并传播神话和故事的能力，必须牢记这一点。神话之所以能够产生并且轻易在群体中流传，不仅是因为群体极端轻信，还因为神话在群体的想象中容易产生魔术般的曲解。在众目睽睽之下发生的最简单的事情，不久就会变得面目全非。

这是因为，群体是用形象来思考的，形象本身又会引起与其毫无逻辑关系的其他形象。我们会对想到的任何事情产生一连串幻觉，虽然理性告诉我们，它们之间没有任何关系。但在群体中，众目睽睽之下发生的最简单的事情，不久就会变得面目全非并被迅速地传播，甚至会演变出多种怪异的版本。群体无法理解这么一个简单的事实。或者说，群体对于这样一个事实视若无睹，他们永远只看到他们认为应该看到或者他们希望看到的东西。这就意味着，群体惯于用歪曲性的想象力把这种由想象建立的幻觉与真实的事实混为一谈。群体也很少对主观和客观加以区分，常常把头脑中产生的景象也当作现实，尽管这个景象与事实只有微乎其微的关系。

歪曲的方式取决于极为细微的思维末节，因为组成群体的个人有着非常不同的倾向，群体对事件进行歪曲的方式既多且杂。虽然群体成员不同，但因为相互传染，受到的歪曲是一样的，所以群体中的所有个人都会表现出同样的状态。

群体中的某个人对真相的第一次歪曲，构成传染性暗示的起点。暗示的信息经群体无意识轻信的哈哈镜的放大，迅速传递开来，如同耶路撒冷发生的事件一样。十字军官兵云集于此，有一个人最先传达了圣乔治出现的消息。在暗示与相互传染的推动之下——起主导作用的仍然是群体的期待意识，他们期待着发生点什么，无论什么—— 一个人编造的奇迹，或者是一个人的幻觉，就立刻会被所有人接受。于是十字军的官兵们全都“看”到了圣乔治，又因为这一说法是不允许被质疑的，类似的幻觉现象就更加多了起来。一个人造的奇迹就这样产生了。

历史上经常出现这种集体幻觉，这种幻觉似乎具备一切公认的真实性，因为它是成千上万的人观察到的现象。没有必要考虑群体成员的个人智力品质，这无关紧要，从他们成为群体一员之日起，天才和智障都失去了观察能力。

这个论点似乎说不太通，若想消除人们的疑虑，必须研究大量的历史事实，即使写了几本书，也无法达到这个目标。但我不想给读者留下空口无凭的印象，因此，我举几个实例，这些都是从可以引用的无数事例中随便挑出来的。

18 世纪早期，欧洲出现“圣梅达尔的痉挛者”群体，这群人常常会聚集在他们最信任的圣·帕里斯神父的墓前交流如何进入一种奇妙的癫狂状态的问题，希望借此给身体带来奇迹。他们深信圣·帕里斯神父能够治愈所有疾病。每天通往墓地的道路都会被蜂拥而至的“患者”堵塞。这种所谓身体奇迹其实是癫痫之类的癔症，但是当个体融入了群体之后，由于期待意识的作用，当第一个人进入了痉挛状态之后，这种相互的暗示就会迅速传染，进而引起群体的狂乱。

我再举个最典型的实例，它证实群体中的个人，既有最无知的，也有最有学问的。海军上尉朱利安·菲里克斯在《海流》一书中顺便提到了这件事，《科学杂志》也曾刊登过。

在一个阳光明媚的日子里，护航舰贝勒·波拉号受命搜寻在风暴中失联的巡洋舰，一位值勤士兵声称自己发现了一个船只求救的信号，船员们顺着信号指示的方向搜救，他们都清楚地“看到”，一只载满人的木筏被发出求救信号的船拖着。这不过是一种集体幻觉，但几乎所有人都确信不疑。于是，德斯福赛上将放下船去营救遇险者，即使在接近目标时，官兵仍然认为自己“看到”一大群活着的人伸手呼救、不少失去亲友的人正哀号着。但是，所谓的“遇险者”不过是几根长满树叶的树枝。在一目了然的事实面前，人们的幻觉这才消失。

在这些事例中，可以清楚地看到集体幻觉的作用机制。一方面，我们看到一个在期待中观望的群体；另一方面，值勤士兵发现海上有求救信号这样一个暗示。在相互传染的过程中，这一暗示被全体官兵接受了。

眼前发生的事情遭到歪曲，真相被与它无关的联想幻觉所取代——群体中出现这种情况，就算他们全都是博学之士，也同样会表现出群体的所有特点。只要融入群体，他们个人的卓越观察力和判断力就会马上消失。

著名心理学家达维先生也为我们提供了一个非常奇妙的例子，根据《心理学年鉴》的记载，达维先生曾经进行过这样一项试验。他将一群杰出的观察家召集在一起，其中包括英国著名的科学家华莱士先生。在让这些人观察了物体，并按照自己的意愿做上了标记之后，达维先生当着他们的面演示精神现象，即灵魂现形的过程，并让他们记录下来。试验的结果令人吃惊，参与试验的杰出观察家们全都认为，他们观察到了超自然的现象。但真实的情况是，所谓的灵魂现形，只不过是达维先生的简单骗术。

最神奇的部分并非是骗术本身，而是这些经过目击者提交的虚假报告——经过暗示的虚拟联想。达维先生只是动了一个小小的手脚，却起到了支配群体大脑的效果，甚至让众多的目击者“看”到了并不存在的事情。这项实验仍然是暗示效应的作用，就像催眠师催眠患者一样。可见，这种作用对逻辑严谨、有怀疑态度的人同样可以发挥作用。它能轻易让普通群体上当受骗，也就不足为怪了。即使目击者人数众多，他们也可能用完全错误的间接条件来否认自己的描述。但假如他们的描述被认为是正确的，那么他们所描述的现象便不能用骗术来解释。达维先生的方法是如此的简单，以至于人们惊讶于他如此胆大妄为。但是，不得不承认他有本事让群体相信自己“看到了”不存在的东西。

1678 年，英国首相接到报告：在多赛特地区，许多人称法国军队已经登陆英国的一个岛，军官走在队列前面，军队队列整齐。英国的一位伯爵带着一名陆军中尉向海德公园策马狂奔，所有的士兵都拿着武器，严阵以待。但所谓的法国军队队列，不过是一排排的树篱笆桩，所谓的军官也只不过是些正在草地上吃草的马。

集体撒谎的例子在历史上并不鲜见，最荒唐的是中世纪欧洲的圣物崇拜。第一批前往耶路撒冷朝圣的信徒，把种类繁多的圣物带回了欧洲，引发了一场大范围的群体性谎言。

在这些圣物中，最为人们称道的是“真正的十字架”上的木头。当时的整个欧洲，无论教堂宏大与否，皆以拥有一块这样的圣物为至尊荣耀，于是这种碎木片在各大教堂盛行开来，持有者皆声称其来源于“真正的十字架”，这种圣物数量之多，几乎可以充当建造一座教堂的木料。

事实荒谬至极，却赢取了绝大多数人的信任，不仅神职人员如此，甚至民众也对它们顶礼膜拜，认为这些木头可以辟邪，而且能够治愈顽疾，每年都有络绎不绝的人前往各大教堂去朝拜这些碎木片。只要稍具理性与常识的个人，都会认清这事情的荒谬，但几乎没有人对此保持丝毫诚实与警醒。并非是所有人都故意撒谎，而是当个体集结到一起之后，群体的谎言行为就成了自然而然的事情。

类似的例子多得不计其数。在我写到本章节的时候，两个小女孩在塞纳河溺水身亡之事闹得沸沸扬扬。两个女童从家里走失，不久后，人们在巴黎的塞纳河中发现了两具尸体。五六个目击者言之凿凿地宣称自己认出了这两个孩子。所有的证词如出一辙，不容法官再有任何怀疑。他签署了死亡证明。但就在为孩子举行葬礼时，一件惊人的事情发生了，两个孩子平安无事地出现在了大家面前，本来以为死了的人仍然活着。尤其令人难以置信的是,她们和溺水而亡的人确实有一些相似之处。和前面提到的几个例子一样，第一个证词本身就是充满联想和幻觉的证词，这足以对其他目击者产生影响。

假如我们还原整个事件就会发现，谎言的传播会经历如下阶段。在谎言制造阶段。在联想和幻觉的主导下，第一个目击者相信自己已经辨认出尸体，目击者甚至还能说出一些特征，譬如一块疤痕什么的，或一些让其他人产生同感的装束上的细节。当他开始传播这种暗示的时候，证词便开始对其他目击者产生影响，从而产生不可原谅的后果，关于这一后果，我们还会在后面的分析中继续讨论。

接着是谎言的被肯定阶段。在这一阶段，说谎者的数量会更多，总有那么些人会当即附和谎言，有的人和第一个人一样，牺牲于自己的心理暗示，但更多的则是完全没有主见的糊涂虫。

在谎言扩散阶段，所有群体成员都会成为说谎者。当第一个目击者依靠模糊记忆产生的幻觉得到了肯定后，大多数人的理解力就瞬间被征服了，观察者这时看到的不再是客体本身，而是他头脑中产生的幻象。消息被以讹传讹地扩散开来，使得越来越多的人加入了说谎的行列之中。

有报纸记录，孩子的尸体竟被自己的母亲认错，由此可以印证以上说法。从这种现象中，肯定能够找到我刚才指出的两种暗示。事情是这样的，人们在法国的拉弗莱特发现了一具男童的尸体，一个孩子凭借自己的模糊记忆指证说那是自己的同学费利贝·夏凡德雷，于是一场缺乏根据的辨认开始了。

在辨认尸体的第二天，一个姓夏凡德雷的女性情绪失控地喊道："天啊，那是我的孩子！" 她走近那具尸体，观察死者穿的衣服，又看了看他额头上的伤疤。"这肯定是我儿子。"她说。这位太太住在福尔街，是个看门人，"他去年 7 月失踪，一定是被人拐走杀害了。”夏凡德雷太太叫来了表弟，问到他时，他说：“那就是小费利贝。”费利贝的同学则根据死者佩带的一枚徽章肯定死者身份。而费利贝的邻居也都认为这个死者就是他。

人证、物证齐备，每个人都认为自己的证词很有说服力，但他们全搞错了。一个半月后，死者的身份得到了确认。他是波尔多人，在波尔多被杀害，然后又被运到了巴黎。这似乎可以证实产生这种误认的经常是女性和儿童——他们是最没有主见的人。这也向我们表明，这种目击者在法庭上没有什么价值。尤其是儿童，绝不能拿他们的证词当真。我们习惯于说童言无忌，哪怕只有一点基本的心理学修养，也会知道事情恰恰相反，儿童最爱撒谎。尽管这是一种无辜的谎言，但无辜的谎言仍然是谎言。如果要用孩子的证词来决定被告的命运，那还不如扔硬币来得合理。这样的例子不胜枚举，由此我们可以证实自己的结论：产生这种误认的经常是女性和儿童，因为他们最缺乏主见。

还是回到群体的观察力这个问题上来吧。

在群体观察力的这个问题上，我们已经用相当多的例证来确定它极不可靠,这种集体观察力在绝大多数的情况下会出错。如果说它能够表达什么含义，那么也只是在传染过程中影响同伴的个人幻觉。

各种事实都证明群体的证词极不可靠，它甚至能够达到无以复加的程度。即使经受过严格训练的军人，在此方面也会犯下严重的错误。1870 年 9 月 1 日的色当一役，有数千人参与了著名的骑兵进攻。在那些矛盾的目击者证词中，根本不可能确定谁是这场战役的指挥官。英国将军沃尔斯利也在一本书中证明，关于滑铁卢战役中一些重要的事件，至今一直有人在犯最严重的事实错误——普鲁士人声称在法军后方曾经出现过一支携带大炮的强大增援部队。然而，假如有这么一支军队，拿破仑也不至于输得如此之快。历史证明，所谓的增援部队不过是一群惊慌失措的溃兵，误打误撞地折回前线，大炮则只是他们的行李车而已。

再举一个可以证明我观点的例子。1806 年，英国利兹地区有一只老母鸡不停地下出印有“末日将至”的怪蛋，许多人听闻后专程赶来参观。惊恐万状的信徒来到这里，为的就是印证世界末日将至，一个关于世界末日的谣言由此播散开来。

尽管这些谣言的中心思想只有一个，但是关于怪蛋的描述却花样百出，有一千个前来参观的人，就有一千种外形的怪蛋。实际情况是，那不过是普通的鸡蛋，只是上面用腐蚀墨水写上“末日将至”的字迹而已。

这些事例向我们证明了群体的证词价值。逻辑学论文引用证人众口一词的意见来证明真相，将众人意见当作支持事实之准确性的最强有力的证明。然而，群体心理学告诉我们，那些论文需要重写。最应该严重怀疑的事件肯定是那些观察者人数最多的事件。同一件事被数千个目击者证实，这也就是说真正的事实可能与公认的记述相去甚远。

从以上情况看来，无论历史上发生了什么，总会因为群体的以讹传讹而变得众说纷纭。当历史传承到需要记载下来的那一刻时，早已丧失了它的本来面貌，我们只能把史学著作当作纯粹想象的产物。它们是对观察有误的事实所做的无根据的记述，并且混杂了作者对思考结果的解释。那些被记载且已经成为史实的事件，也未必有价值。而那些皓首穷经的所谓智者，也远非如他们自己所说的那样秉笔直书。写这样的东西完全是在虚度光阴。但假如历史没有给我们留下不朽的文学、艺术，那么我们对以往时代也便一无所知。

那些在人类历史上发挥过重大作用的伟大人物，如赫拉克利特、释迦牟尼或穆罕默德，我们有一句真实的记录吗？极可能一句也没有。所有能够打动群众的，能够在群众范围内得以流传并保留下来的，只是这些伟人在神话中的形象。实事求是地说，他们的真实生平对我们来说无关紧要。我们想要知道的，是伟人在神话中呈现的形象。我们要的是能打动我们心灵的神话英雄，而不是一时的真实英雄。于是，关于他们的谎言被一再编造，直到和我们今日所知的形象毫无出入为止。

前文说过群体通常是以形象来思考的，这就使得群体的想象力超乎寻常。这些神话虽然被清楚地记录在书中，但它们本身却没有什么稳定性可言。随着时光的流逝，尤其是由于种族的缘故，群体想象力在不断地改变着它们。例如《圣经》中的耶和华，随着时光的推移，他从一位嗜血的神变成博爱仁慈的天父。

我们在前面提过，种族的基本特点决定群体的无意识。佛教诞生于印度，昌盛于中国，假如将印度人尊奉的佛祖与中国人信奉的佛祖比较，就会发现这两者并无太多的共同之处。

群体的想象力会改变一切，不论这件事是真实的还是虚构的。正因为这样，历史才会背离它的真相，呈现出光怪陆离的面貌。

英雄的神话随着群体想象力的改变而改变，英雄离我们而去也无须多长的时间。转变有时就发生在几年之内。在我们自己这个时代便可以看到，历史上的某个伟人的神话，在不到50年里就改变了好几次。

拿破仑是历史上了不起的伟人之一，在法国波旁王朝时期，这位年轻的军人是田园派和自由主义的慈善家，是一个社会底层人士的朋友。在诗人眼里，他是长期留存在乡村人民记忆之中的好人。30年后，这个和蔼可亲的英雄却变成了一个嗜血成性的暴君，他在篡夺权力后，为了满足自己的征服欲，毁灭了自由，让300万将士命丧黄泉。

事态并没有停止，在法国经历了一次又一次的战争失败之后，人们便开始尝试着回忆往昔的辉煌。他们又开始怀念拿破仑曾经的赫赫战功，这个神话再次发生变化了。

还有一个更极端的例子。在16世纪的那不勒斯，一个名叫马萨尼罗的渔夫被暴乱者推上了皇帝的宝座，这个浑蛋胡作非为，残暴无比，后来又被群众打死在路上，被割去头的尸体则被扔在泥塘里泡了几个小时，最后又被抛进了护城河。

第二天，不知道什么原因，群众对他的情感完全颠倒了过来。无数人举着火炬寻找到他的尸体，人们给他重新披上皇袍，隆重地葬于教堂，上万名武装军人和百姓参加了葬礼。即使是那被众人撕成了碎片的衣服，也被当成圣物珍藏起来，他的房门也被拆成碎块，制成了各种纪念品，破旧的家具突然身价暴增，连他走过的泥土也被当成制作护身符的原料。

不难想象，数千年之后，未来的博学之士面对这些矛盾百出的记载，也许会对是否真有过这位英雄表示怀疑，正像现在有些人怀疑释迦牟尼一样。从他身上，他们只会看到一个光彩照人的神话或一部赫拉克勒斯式传奇的演变。对这种缺乏确定性的情况，他们无疑很容易心安理得，因为和今天的我们相比，他们更明白群体的特点和心理。他们知道，除了神话之外，历史没有多少保存其他记忆的能力。

群体情绪的夸张与单纯

群体意味着极化，不管是好是坏，群体感情的特点就是极其简单与夸张。在这方面，群体中的个人类似于原始人，他们把事情视为一个整体，不能做出细致的区分，也看不到事件的过渡状态，群体感情简单粗糙。群体情绪的夸张由于这一事实而强化，即不管是什么感情，一旦这些感情表现出来，通过暗示和传染后，会非常迅速地传播，明确支持的目标的力量就会大增。

群体情绪的简单和夸张所造成的结果是：群体全然不懂怀疑，也不知道万事万物皆有其不确定性。如同陷入情网的女性，轻易便会走向感情的极端。情人有任何令人怀疑的言行，立刻成为不容辩驳的证据。平常生活中免不了见到令自己心生厌恶的人，或不得已执行自己非常反对的意见，作为孤立的个人，多数会控制自己的冲动，这些情绪不会对个人有什么影响，若是处于群体中，这些情绪却能让他们勃然大怒。

群体的性情狂暴，尤其是在异质性群体中，因责任感的消失而强化。他们意识到“法不责众”——人数越多，这一点就越是肯定。人多势众产生的力量感，会使群体表现出孤立个人不可能有的情绪和行动。在群体中蠢人、白痴和心怀妒忌的人，会摆脱卑微和无能感，生出一种决绝、短暂但强大的力量。

不幸的是，群体感情的夸张倾向，通常把人类的恶劣表现到极致。1527 年 5 月 6 日夜，罗马被雇佣军占领，八千多名百姓被杀，但这只是开始。夜晚狂欢过后，极度激动的雇佣兵开始洗劫教堂，他们还洗劫教堂和要人的宫殿，闯进修道院强奸修女，残酷迫害百姓。

据说南意大利军队的士兵连船夫的简陋小屋都不放过，夺走了茶壶和钉子之类的东西。有研究表明，一些圣物被当作靶子，成堆的史书被用作马的褥草，拉斐尔的壁画被长矛划破，在上面刻上马丁·路德的名字。

群体利用自身的强大摧毁一切道德障碍！群体很容易干出

恶劣、极端的勾当。这是原始人的本能遗传的残留，孤立的个人因为担心受罚，不得不约束自己。不过，这并不意味着群体没有英雄主义、献身精神或崇高的美德。其实他们比孤立的个人更能表现出这些美德。在后面研究群体的道德时，我们很快有机会回到这个话题上来。

群体夸大自己的感情，因此他们只会被极端感情打动。希望感动群体的演说家必须锋芒毕露、信誓旦旦。他们少不了要夸大其词，而且以不断重复、绝对不说理的方式证明任何事情——这些都是演说家惯用的技巧。

换个简单的说法，即群体对英雄的感情也同样夸张。英雄表现出来的品质和美德，肯定总是被群体夸大。很早就有一位编剧指出，观众要求舞台上的英雄拥有现实生活中的人不可能存在的勇气、道德和美好品质。

打动观众的艺术多数品位低下，但即使创作这些品位不高的艺术，也需要特殊的才能。通过阅读剧本来解释戏剧的成功，往往是不可行的。剧院经理拿到剧本时，通常并不知道它能否取得成功，因为如果想对这事做出判断，他们必须把自己转变成观众。毫无疑问，这种立场是合理的，但是它的原则与常识、逻辑基本毫无相通之处。

在剧场里观察事物的特殊立场，早就有人正确认识到了它的重要性。这里我们可以又一次做出更广泛的解释。我想说明种族因素的压倒性影响。一部在某国掀起热潮的剧本，在另一国却未必能获成功，或只能取得部分的或一般的成绩，这是因为它没有产生能够作用于该国公众的影响力。

没必要再补充说，群体的夸张倾向只作用于感情，对智力不起任何作用。我已说明，个人一旦成为群体的一员，他的智力立刻大打折扣。一位学识渊博的官员塔尔德先生，在研究群体犯罪时也证实了我的观点。群体只是擅长把感情提升到极高或极低的境界。

群体的偏执、专横和保守

群体只有简单而极端的感情，别人提出的任何意见、想法和信念，他们或者全盘接受，或者一律拒绝。不是把这些意见视为绝对真理，就是看成绝对谬论。要想控制群体，历来只能用暗示的办法加以诱导，而不是用合理的信念来解释，与宗教信仰有关的偏执与其对信徒头脑实行的专制统治，早就为大家熟知。这种偏执的情绪根深蒂固，根本无法扭转，改变一种偏执情绪的唯一办法是用另外一种更偏执的情绪来取代。

群体认定的真理或谬误都不容置疑，由于群体力量强大，它的理想和偏执就带着专横的特质。理性的个人一般会倾听各种意见，调和矛盾，群体则不然。在集会上，如果演说者略有微词，立刻就会招致严厉的呵斥和粗鲁的叫骂。在听众的嘘声和驱逐声中，演说者很快就会败下阵来。假如现场缺少当权者或执法者的约束，反驳者往往难逃一死。

长达两个半世纪的欧洲猎巫风潮说明了这一点，数以万计的人成为猎巫队伍的牺牲品，那些站出来替人辩白的无辜者，也惨遭毒手。

1704 年，苏格兰地区一个患有癫痫的流浪汉指控两名女性对他实施巫术。一名女性在被抓进监狱后逃了出来，但在第二天又被捉住了。在回监狱途中，对巫师恨得咬牙切齿的人们想淹死她。他们给这名女性捆上绳子，绳子的另一端拴在一艘渔船的桅杆上，把她投进水里后拉上来，再投下去，不断反复，在这名女性被折磨到半死不活的时候，人们又把她拖上海滩。一个暴徒回家把门板卸下来，压在这个可怜女人的身上，再在上面堆上大石，这名女性被活活压死。没有一个地方官站出来，负责押送的士兵也玩忽职守，幸灾乐祸，凡出来阻止暴行的人无不被恫吓或殴打。

每个种族都有自己的种族性格，但很少有人真正理解民族性格的含义。尽管专横和偏执是一切类型群体的共性，但其程度还是各有不同。在这方面，支配着人们思想感情的种族因素，再次发挥作用。种族决定群体的感性程度，感性的种族群体更冲动、易变和急躁，尤其是拉丁民族组成的群体，他们的专横和偏执可以发展到无以复加的地步。以盎格鲁－撒克逊民族为典型，正是偏执和专横这两种态度彻底破坏了该民族强烈的个人独立感情。拉丁民族的群体只关心他们所属宗派的集体独立性，他们对独立有独特的见解，认为真正的独立的人，是能让那些与他们意见相左的人强烈反对自己信念的人。自宗教法庭时代以来，在各拉丁民族中，每个时期的雅各宾党人，对自由的理解皆如此。

前文说过，群体的累加只是低能弱智的累加。1630年，米兰发生了一场瘟疫，随着瘟疫的蔓延，许多异想天开的荒唐故事被人们信以为真。有个名叫巴萨尼的人声称自己在某个黑夜站在一个大教堂门口。有一辆6匹白马拉着的黑马车停在他身边，马车后面跟着许多身穿黑袍的仆人。马车上走下来一个高大威武的陌生人，他邀请巴萨尼上车，然后把他带到一个几乎倒塌了一半的巨大宫殿前。巴萨尼看到许多骷髅互相笑骂，相互追逐，朝荒地奔去，荒地中间的岩石下面流淌毒水，毒水经过田地，渗入了米兰城所有的饮用水当中。

陌生人许诺说，如果巴萨尼愿意将米兰所有的门都抹上毒药，就可以得到巨额财富。此时巴萨尼终于明白这个人是魔鬼，他便向上帝祷告，电闪雷鸣后，他发现自己站在了教堂的走廊上。这样的疯话得到了所有听众的信任，还有所谓的目击者为他帮腔。

此外，群体常常也会对意识形态进行夸张的处理，让某种意见以异常极端的形式表现出来，即使到了荒唐至极的地步也毫不在意。专横和偏执是群体的感情，他们很容易就表现出偏执与专横的情绪，只要有人煽动这些情绪，他们随时都会付诸实践。群体总是对强权俯首称臣，却很少为仁慈所动！在他们看来，仁慈只不过是软弱可欺的代名词。

在非洲拓荒时代，英国派来两名工会成员协助当地土著农民。英国工会的人到了之后，当地的农民为了声援码头工人，不仅罢工，还要求增加工资、改善伙食。他们焚烧营地的建筑物，甚至自行武装起来，设立路障来阻止欧洲人接近海岸。

一位颇有声望的苏格兰人发现道路被罢工者切断后，从车上一跃而下，大声呵斥这些非洲人，他们被突如其来的暴怒吓呆了，立即丢下武器落荒而逃。从这里我们可以看到，群体从来只向严厉的暴君低头。

1795 年的 10 月，拿破仑·波拿巴奉命镇压骚乱，然而，他竟然将大炮对准了自己的同胞，一时之间血流成河，骑兵手持武器冲向了幸存者，之前大声怒骂的群众，顿时停止了呼叫。

几年之后，拿破仑尝试与议员们进行沟通，但遭到了议员们的激烈反对，弟弟吕西安调集了一队掷弹兵冲进议院，将那些议员逮捕起来，剩下的议员们一致同意选举拿破仑为法兰西第一执政人。

群体喜欢的英雄，他们眼中的英雄像凯撒一样冷酷残忍。他的权杖吸引着他们，他的权力威慑着他们，他的利剑让他们心怀敬畏，他们甚至总是为这种人塑起最高大的雕像。而当这样的专制者失去了权力时，转眼之间，群体又会面目大变。他们并非是有所醒悟，因为群体只会干两种事，锦上添花或落井下石。群体喜欢践踏被他们剥夺了权力的专制者。群体随时会欺压软弱者，但对强权低声下气！

如果强权时断时续，群体就会被极端情绪所左右，便会表现得反复无常，时而无法无天，时而卑躬屈膝。

如果以为群体在革命中本能处于主导地位，那就大错特错了。群体常常爆发超乎寻常的暴力和破坏力，但这种爆发是十分短暂的。他们极端情绪化的感情来得快去得也快，群体强烈地受无意识因素的支配，因此很容易屈从于世俗的等级制，难免会十分保守。群体步入这种无头苍蝇的状态之后，他们很快就会陷入迷失。只要对他们撒手不管，他们很快就会厌倦混乱，本能地变成奴才。

拿破仑·波拿巴上台之后压制了一切自由，让每个人都对他的铁腕有切肤之痛时，拥戴他、崇拜他的，正是那些原本最激进、最桀骜不驯的雅各宾派革命党人。

如果不深入考虑群体的保守本能，我们就难以理解历史，尤其是民众的革命。群体最终会回归保守，群体可能渴望通过改朝换代换取卑微的需求，为了达到目的，他们常常发动暴力革命，但却常常沿用旧制度，从中国王朝的更迭中便可看出端倪。这些旧制度本质反映出了种族对等级制的需要，因此专制者轻易便能拥有整个种族的顺从。

群体的变革，只针对很表象的事情。他们如原始人一样，有着坚不可摧的保守本能。他们对一切传统的迷恋与崇敬是绝对的。群体对传统事物、传统制度有着迷恋式崇拜。假如在发明蒸汽机和铁路的时代，民主派掌握了今天这样的权力，那么这些发明便不可能实现。至少要付出血的代价才能完成。

这一点在法国大革命中表现尤为突出，科学被看成是贵族政治。发现了氧气的天才化学家拉瓦锡也因此被送上了断头台，永远地丧失了呼吸氧气的权利。雅各宾派的血腥统治被终结后，反对罗伯斯庇尔的热月党人意味深长地做出了这样的评价：“雅各宾派认为知识是自由的敌人，而科学则是贵族政治，如果他们的统治足够长而且放开胆子去干的话，他们就会烧毁图书馆，杀掉所有的学者，把世界投入黑暗之中！”

对文明的进步而言，最值得庆幸的一点就是，只是在伟大的科学发明和工业出现之后，群体才开始掌握了权力。

群体的道德

如果把道德定义为持久地尊重一定的社会习俗，不断抑制私欲，那么群体显然不具备任何的道德。群体既多变又冲动，他们不可能有道德。

如果我们把某些短期内表现出的品质，比如舍己为人、自我牺牲、不计名利、勇于献身和对平等的渴望等也算作“道德”的内容，那么群体的行为，经常会有很高的道德境界。

研究群体的心理学家，只着眼于群体的犯罪行为。他们见群体的犯罪行为频繁发生，于是得出了群体的道德水平十分低劣的结论。他们只看到了群体行为的一部分。群体犯罪之所以存在，是因为我们继承了原始时代的野蛮和破坏的本能，其蛰伏在我们每个人身上。

孤立的个人不可能在生活中满足这些本能，风险成本太高了，有正常判断的人都不可能蠢到去干一件得不偿失的事，而一旦加入一个不负责任的群体，约束着个人的责任感和道德感就彻底消失了。我们常常说“法不责众”，这里指的不是法律的管辖权，而是指群体的自我心理暗示。这是一种非常卑微的心理安全感，他们认为自己不可能会受到惩罚，而且人越多，这种信念就越坚强。他们会因为人多势众而产生出一种强烈的力量感，这会使得群体彻底放纵。在生活中，有的人因为不能向自己的同胞发泄这种本能，便发泄在动物身上。群体捕猎的热情与凶残，和这种破坏性本能，有着同样的根源。群体杀死没有反抗能力的牺牲者，正是十分懦弱的残忍。

17 世纪初，伍尔兹堡有个小男孩说，如果把灵魂卖给魔鬼，就能每天都吃上饭、有小马骑的话，那么他十分愿意这么做。这个贪图享受的小家伙立刻被抓了起来，被绞死后烧成了灰烬。百名成年人围观，但没有一个人阻止这个暴行。

同样也是17世纪末，北美洲殖民地一名叫高利的男子被指控为男巫，尽管他千方百计地否认，但还是被判了刑。据说在处决的时候，由于感到异常痛苦，他把舌头伸到了外面，负责监督行刑的司法长官，竟然命人用棍子把舌头硬生生地塞回了嘴里。

这样的残忍，与猎人聚集成群捕杀动物时的残忍没有什么实质上的区别。这再一次验证了在群体无意识的作用之下，一个原本善良而正直的人，会做出严重违背良知和道德的事情来。

群体会杀人放火、无恶不作。但在某些时候，群体也会做出极崇高的献身、牺牲和不计名利的行为，那是孤立的个人根本做不到的极崇高的行为。当群体以名誉、光荣和爱国主义作为号召的时候，最有可能对群体中的个人产生影响，甚至可以让他慷慨赴死。

像十字军东征和1793年的志愿者那种事例，历史上比比皆是。1792 年，欧洲诸国集结军队，大举进攻法国的时候，雅各宾党人的振臂高呼，引来了无数民众志愿参加军队，一举击败联军。回顾历史，我们发现，群体为了一知半解的信仰、观念和只言片语，便可以英勇地面对死亡。

理性的个人有趋利避害的本能，自我利益几乎是孤立个人行动的唯一动机，但自我利益几乎不及群体的强大行动力。只有群体才能表现出不计名利和视死如归的精神，为了自己只有一知半解的信仰、观念和只言片语，便英勇地面对死亡，这样的事例何止千万！

不断举行示威的人群，更有可能是为了服从一道命令，而不是为了增加一点儿养家糊口的薪水。私人利益几乎是孤立的个人唯一的行为动机，在公众智力难以理解的战争中，支配群体的肯定不是个人利益——在这些战争中，民众宁愿自己被屠杀，也不愿意停止他们的行为，如同被猎人施了催眠术的小鸟。

群体能使一个正直善良的好人变成无恶不作的恶棍，反之，亦能使罪大恶极的浑蛋严格按崇高道德纪律行事，仅仅因为他是群体中的一员。法国杰出的文学批评家、历史学家泰纳提到“九月惨案”时指出，群众原本可以把从受害者身上搜刮来的钱财据为己有，但他们都悉数交公了。1792 年 9 月，成千上万的人死在了雅各宾派的手中，他们将熔化的黄金灌进贪官的嘴中。由于要杀的人太多，他们感觉断头台的速度太慢，于是变换了杀人方式，将那些“对革命不积极”的人以方阵的形式排在一起，然后用大炮来轰炸他们。暴民们杀人如麻，但他们却没有侵占财物。

1830 年 7 月，手执武器的民众与奉命赶来镇压的军警站在了一起，攻占了查理十世居住的杜伊勒里宫。这些呼啸而过的民众，没有拿走王宫里任何一件东西。那些价值连城的艺术品和珍宝，占有任何一件都意味着可以让自己在未来很长一段时间里衣食无忧。由此可见，群体对于个人，有很强的道德净化作用，尽管这种个人的道德净化叠加起来，可能意味着社会灾难性的后果。群体对个人的道德净化作用并非一成不变，这是一种经常可以看到的状态。

即使在较为稳定的环境下，也可以看到群体的道德净化作用。我前面说过，观众要求剧作中的英雄具有现实中可能有的夸张美德，群体中的成员也会彼此要求，督促对方将不道德的行为收敛起来。集会中，即使该群体成员品质良莠不齐，大家也会表现出少有的一本正经来。那些平时放荡不羁的浪子、操贱业的皮条客或缺少教养的粗人，在某些危险的场合或交谈中，也会变得彬彬有礼起来，虽然与他们平时相比，这种场合并不会给他们带来更多的伤害。

虽然群体经常放纵人类低劣的本能，踩天理和道德于脚下，干出惨绝人寰的勾当，但也不时树立起崇高的道德典范。如果不计名利、顺从和绝对献身于真正的（或虚幻的）理想都算作美德的话，那么毋庸置疑，群体最具备这些美德，而且他们达到的水平，哪怕是德行最高尚的哲学家也望尘莫及。

当然，他们只是在无意识地实践着这些美德，但这无碍大局，我们求全责备，指责群体经常受无意识因素的左右，成为被本能愿望支配的不动脑筋的机器。但是，如果连群体也受眼前利益桎梏，那么地球上根本就不会有灿烂的人类文明，更不会有自己的历史了。

第三章 群体的观念、推理与想象力

提要：群体的观念 / 基本观念和次要观念 / 各种矛盾的观念如何并存 / 高深的观念必须经过变化才能被群体所接受 / 观念的社会作用 / 群体的推理 / 群体不受推理的影响 / 群体的推理永远是低层次的 / 群体的想象力 / 群体想象力威力巨大 / 群体通过形象来思考，但这些形象之间没有任何关系 / 群体会被事情美好的一面所打动 / 民众的想象力永远是政治家权力的基础 / 能够打动群体想象力的事实是如何出现的

群体的观念

我在《民族演化的心理规律》研究群体观念对各国发展的影响时已经指出，每一种文明都是几个基本观念的产物，这些屈指可数的观念很少革新。这些观念在群体心中根深蒂固，要

改变这些观念难如登天。这些观念一旦得到落实，其具有的力量固若金汤，而历史大动荡正是这些基本观念改变导致的结果。

这里我只想简单探讨一下群体能够接受的观念这一问题，以及他们领会这些观念的方式。群体能够接受的观念有两类。第一类是时髦的观念，这类观念受环境影响，来得快去得也快，这些观念如同过眼烟云，很少能够发挥持久的影响，譬如那些只会让个人或某种理论着迷的观念。另一类是基本观念，它们受环境、遗传规律和公众意见影响，具有很强的稳定性。如过去的宗教信仰与今天政治观念、社会主流价值观等，都在该范畴内。但如今，那些曾经被我们的父辈视为人生支柱的基本观念，随时都有轰然坍塌的可能，以其为基础建立的制度也会被严重动摇。

无论为群体提供哪一种观念，只在它们有绝对不容置疑、毫不妥协和简单明了的形式时，才能产生有效的影响。如前文所述，群体是用形象来思考的，其感情夸张而极端。若想某一种观念对群体产生有效的影响，它就必须披上外衣，也只有这样才能被群众接受。

18 世纪，英国南海泡沫事件中，一位诈骗者发布了一份募股说明书："本人有一个项目，需要 50 万英镑，一共分为 5000 股，每股面值 100 英镑，定金两英镑，认购者只需要支付定金，每股每年就能得到 100 英镑的股息。"第二天上午 9 点，当他来到康恩希尔街打开办公室的房门时，疯狂的人们蜂拥而入，几乎要把他挤倒。到了下午 3 点的时候，他已经卖出了 1000 股。然而，这个骗子当晚就带着英镑逃得踪影全无了。

还有一种叫"环球许可证"的骗局。所谓许可证只是一些类似扑克牌形状的纸片，上面写着"帆布许可证"，或者贴着"环球饭店"的标志。诈骗者声称，持证人可以在将来的某个时间里，随意认购一家新建的帆布厂的股票，这种许可证在交易市场上的售价高达 60 个金币。

类似这样的骗局不少，简单得令人咋舌，但效果也"好"得令人难以置信，这种盲目的轻信，毫无疑问是建立在群体的简单观念上的。尽管以上骗局一个又一个地被揭穿，但是民众绝不会因此而停止受骗，无论什么时候，受骗者都会大有人在。

这些形象化的观念之间，既没有任何相似性，也没有逻辑上的连续性，它们相互影响，也可以彼此取代。正如从幻灯机中取出一张又一张幻灯片一样。这就解释了为什么能够看到最矛盾的观念在群体中同时流行。由于时机不同，群体在理解力所及的不同观念之一的影响下，会做出大相径庭的事情。群体完全缺乏批判精神，也不可能察觉到这些矛盾。

这并非群体特有的现象。许多孤立的个人，除野蛮人外，也包括在智力的某个方面接近原始人的人，如狂热的宗教分子。在欧洲某大学里受过高等教育的印度人，就表现出了这些令人费解的矛盾。

部分西方观念附着于他们一成不变的、基本的传统观念或社会观念之上。在不同的场合，不同观念就会表现出来，言谈举止也相应地改变，这让同一个人显得极为矛盾。不过，这些矛盾只是一种表面现象。只有世代相传的观念才能对孤立个人产生足够的影响，从而变成他的行为动机。例如，因为与异族人结婚，处在不同的传统中，这时，这个人的行为才会真正表现得截然对立。这些现象在心理学上十分重要，不过在此纠缠并无益处。要想充分理解它们，至少要花上10年时间周游各地进行观察。

只有简单而明了的观念，才能被群体接受，但并不是所有观念都是简单明了的，因此必须经过一番彻底改造，使之变得通俗易懂，才能被平庸的大众接受。那些高深莫测的哲学或科学观念，群体自卑心理导致的智力水平根本无法理解，更别谈接受了。因此，对它们的改造必须更加彻底。种族间理性程度和聪明才智都不同，因此这种改造有时大一些，有时小一些，但都必须向低俗化和简单化改造。

从社会的角度看，现实中很少有观念的等级划分。也就是说，很少有高下之分的观念，历史证明，没有哪种观念要比另一种观念高明一些。不管观念刚出现时多么伟大或正确，一旦进入群体的智力理解的范围内，那些高深或伟大的成分便被剥夺殆尽。

17 世纪俄国的变革是这方面的典型例子。彼得大帝尝试开展一场全面的改革时，所有来自西方的科学思想、技术成果都无一例外地遭到了强烈的抵制，抵制改革的人不仅有平民百姓和达官贵人，连皇太子都加入其中。

彼得大帝被迫做出了调整，将这套变革观念改造成了最低俗、最简单的形式，以便在民众之间传播。改造后的新形式是——从男性臣民的脸部入手，剪掉他们的胡子。彼得大帝的宴会开始之后，卫兵们冲上前将来宾都按住，强行剃掉他们的胡子，震惊的来宾甚至还没有回过神，就已经成为新观念的接受者。

重要的不是观念的固有价值，而是观念产生的效果。中世纪的基督教思想、18 世纪的民主思想与今天的社会主义思想，都不是什么高明的观点。若从哲学的角度来看，这些观念大多有一些令人费解的错误，但是这些思想的威力却十分强大，在未来很长一段时间里，它们将是决定各国行动的最基本因素——今天所有的政客都十分清楚，我刚才提到的那些基本思想中混杂着错误，然而他们也不得不根据自己已经不再相信的真理与原则统治人民。

只有经过了彻底改造，观念才能被群体接受。也只有在进入无意识领域，变成一种情感时——这需要很长的时间——才会产生影响，里面涉及的各种过程，我们将在下文讨论。

我们认为，一种正确的观念很容易被接受，至少能在有教养者的头脑中产生作用。事实却是，群体顽固地守着旧观念，很难被消除。即使有最确凿的证据，对平庸大众的影响也是微乎其微的。我们应该认清这个事实。确凿的证据也许会被有教养的人暂时接受，但缺少理性思维的人很快就会被自身无意识自我带回原来的观点。他仍处在以往观念的影响之下，旧观念已经变成他的情感之一，成为影响他言行举止的最隐秘的原因。我们将看到，没过几天他便会故态复萌，用同样的语言重新提出他过去的观点，群体中的情况也不会例外。

由此可见，当观念通过不同的方式深入到群体的头脑之中，产生了一系列情感基础后，和它对抗是徒劳的。让观念在群众的头脑扎根需要很长时间，根除它们也需要很长的时间。就观念而言，群体总是落后于博学之士和哲学家好几代。

法国大革命爆发前一个世纪，所有人都信奉君权，民主与自由的观念根本无法在法国保有一席之地，谁要是在大庭广众之下谈论这些，一定会被民众当成疯子。哲学大师伏尔泰因为公开宣扬天赋人权，两次被囚禁于巴士底狱，最后还被赶出了法国。正是这些曾经被嗤之以鼻的观念，引发了欧洲历史上规模最大的革命。整个民族为了社会平等、为了实现抽象的权利和为了理想主义自由而做的不懈追求，使所有的王室都摇摇欲坠，在长达20年的时间里，欧洲各国处于水深火热的战争和惨无人道的大屠杀中，即使是成吉思汗和帖木儿也会觉得胆战心惊。这便是一种新观念的传播而导致的悲剧性后果。

群体的理性

虽然群体智力低下，但也不能绝对地说群体没有理性或不受理性的影响。但群体接受的论证过程，从逻辑上来说是十分低能的，称之为推理，只能算是一种比喻。如同高级推理需要证据一样，群体低劣的推理能力需要观念，不过群体采用的各种观念之间，只有表面的相似性或连续性。

他们的推理方式与因纽特人非常相似。比如因纽特人从经验中得知冰这种透明物质放在嘴里可以融化，于是认为同样透明的玻璃，放在嘴里也会融化。一些野蛮人有这样的风俗，他们击败骁勇善战的对手后，会吃下对手的心脏，他们认为这样就可以得到对手的全部力量和勇气，如同雇主剥削的苦力一样。澳洲的土著居民朱瓦西人，常常会把自己的箭赠予另一个猎人，这样他就有权利分享这个猎人射杀的任何动物。猎物被认为“属于”杀死它的箭的主人，即使狩猎的时候他并不在现场。

群体推理只是把表面上相似的事物搅在一起，并且会立刻把具体的事物普遍化。不妨说他们并不推理或只会错误地推理，而且也绝不会受到推理过程的影响。

只要能够为群体建立这样论证的形象或观点，便可以操纵群体。这是能够影响群体的唯一论证，包含一系列环节的逻辑论证，群体完全不能理解，因此，我们可以说群体并不推理或只会错误地推理，也不受推理过程的影响。

某些演说词漏洞百出、错误连篇，任何理性的个人都会惊讶，但这些低劣的言辞竟然能对听众产生重大的影响。我们往往会忘记，演讲稿并不是为哲学家或思想家准备的，而是用来说服平庸的大众的。凡是和群体有密切交往的演说家，无一不擅长建立对群体有诱惑力的形象。任何一个人做到这一点，便可以达到自己的目的。即使是 20 本富有真知灼见的著作，也不如几句有感召力的话语更能说服群众。

群体没有推理能力，也没有任何批判精神，也就是说，群体不能辨别真伪，也不能对任何事物做出正确的判断。群体的判断仅仅是强加的判断，绝不是归纳论证后的更改的判断。就这方面来说，无数个人并不比群体水平高明多少。有些意见轻而易举就得到普遍认同，这是因为大多数人没有能力根据推理形成自己的独特看法。

群体的想象力

盲人的听力比常人更敏锐，缺乏推理能力的人的想象力不但强大、活跃，且非常敏感。对于群体来说，一个人、一件事或是一次事故，都会在他们的脑海中唤起栩栩如生的形象，而这种超常想象力是一个理性的个人不具备的。

群体如同一个睡着了的人，理性被搁置脑后，只凭想象得来结果，如同做梦一样。他的头脑中能产生出极鲜明的形象，但只要他开始思考，这种形象会迅速消失。

无论是独立的个体还是群体，一旦他们丧失了思考和推理能力，对自己的认识就变得十分模糊，甚至认为世界上没有办不到的事。以至于他们会产生目空一切的极端情绪，他们认为最不可能的事便是最惊人的事。群体只关注那些最离奇、最不同寻常的、最传奇的事件，在原始人的思维方式中，我们常常可以看到这一现象。比如，在德属东非的土著居民看来，一艘军舰的强大与否不在于它吨位多大、有多少门火炮或是装甲多厚，而在于烟囱多少。一艘军舰的烟囱越多，那么这艘军舰的实力也就越强大。当英国人的一艘双烟囱军舰来到非洲海岸时，当地居民弃他们的宗主国于不顾，纷纷向英国人示好，因为德国军舰是老式的驱逐舰，只有一根烟囱。

于是，德国人从国内调来了一艘有三根烟囱的巡洋舰时，当地人纷纷前来围观，因为他们从未见过有如此多烟囱的军舰。他们还给它起了个响亮的绰号——背着三根管子的海上武士。几天后，这个海上武士就不再是土著人的英雄了，因为英国人开来了一艘船，上面有四根烟囱。

德国总督大为困惑，难道英国人又调来了一艘军舰？答案很快就揭晓了，这艘四根烟囱的船根本不是什么军舰，而是一艘拉煤炭的商船，因为锅炉老旧得厉害，所以要多加一根烟囱排烟。德国人无论如何也变不出一艘五根烟囱的船，他们怎么也想不通这些土著怎么会用这么奇怪的角度来分析事情。正是这种毫无推理能力，只对鲜明的形象判断的原始思维方式，取代了正常的推理思维。

假如我们对某种文明进行分析，会发现它存在的真正基础是那些神奇的、传奇的内容。表象总是比真相起着更重要的作用，群体无视现实，无论是亲眼所见，还是逻辑严谨的劝告，群体都不为所动。那些能活灵活现反映人物形象的戏剧表演，就能对群体产生巨大的影响。

如今，一些原始部落中仍然会在狩猎活动或战争开始之前，举行规模宏大的祭祀仪式。狂热的集体舞蹈进行到高潮的时候，巫师就会进入一种异常的状态，人们便相信他激活了超自然的力量，可以游走在宇宙的任何一个空间，赋予部落民众超能力。

在古罗马时代，角斗士一出现在圆形剧场中央，每个观众都会瞪大眼睛看，力图看清楚他们是何许人也。观众们不但有着高涨的热情，声浪也很高，倘若有角斗士仓促上阵，就会遭到观众的起哄，甚至有情绪激动者从座位上站起来，手脚并用威胁角斗士。观众之间也会发生矛盾，有时因为对某个角斗士的评价出现差异而大打出手。实力较弱的角斗士不敌对手的时候，观众席上立即会响起嬉笑声，包括女性在内。

如果形象的暗示产生的感情十分强烈，就会变成行动。即使到了现代，这样的故事也层出不穷。在某个大众剧院中，剧院仅上演了一出让人情绪低沉的戏，就不得不保护扮演叛徒的演员离开，以免他被那些义愤填膺的观众攻击，尽管叛徒的罪恶不过是剧作家想象的产物。这也再次印证了群体没有理性的思维过程，虚构的因素对他们的影响比现实因素的影响还要大，他们对这两者不加区分。

想领导群体，就得在他们的想象上下功夫。几乎所有侵略者的权力和国家的威力，都是建立在群体的想象上的。诸如佛教、基督教和伊斯兰教的兴起，甚至宗教改革、法国大革命及社会主义的崛起，都是建立在群体的想象力之上的产物。

无论哪个时代的伟大政客，或者最专横的暴君，都把群众想象力视为权力基础，他们从来没有想过以与群众想象力作对的方式来进行统治。

拿破仑在这一方面表现得尤为突出，他在国会中演讲时这样说："我通过改革天主教，终止了旺代战争。后来，我通过变成穆斯林教徒，在埃及站住了脚。而后，我通过成为一名奉教皇至上的人，赢得了意大利神甫们的支持。如果我去统治一个犹太国家，我也会重修所罗门的神庙。"

从亚历山大到凯撒，还没有一个伟人能够透彻地了解怎样影响群众的想象力。终其一生，拿破仑始终全神贯注的事情，就是充分地运用这种想象力。在胜利时，在屠杀时，在演说时，在自己的所有行动中，他都把这一点牢记在心中。直到他躺在床上快要咽气时，依然对此念念不忘。

拿破仑建立了彪炳千秋的功业，尽管成千上万的士兵因为他的野心而客死他乡，但民众仍然认为他是当之无愧的帝王与英雄，有数不清的民众情愿为其赴汤蹈火。

究竟如何影响群众想象力呢？只需要注意一点，不可求助于智力和推理，这也就是说，绝对不能够采用论证的方式。凯撒被布鲁图斯等人刺杀于元老院后，安东尼为了让民众把矛头指向谋杀凯撒的凶手，他用手指着连中了23刀的凯撒尸体慷慨陈词，一脸悲愤。他的策略收到了很好的效果，民众都被安东尼的情绪所感染，自发地集合起来高呼凯撒的名字，并将布鲁图斯称为人民公敌。布鲁图斯与他的同谋很快便众叛亲离，安东尼又在葬礼上用标枪挑起了凯撒的血衣，当众宣布了凯撒的遗嘱。群众因此而心碎狂乱，举着火把追杀凶手们。布鲁图斯和同谋们就在绝望之中自杀身亡。

不管刺激群众想象力的是什么，都必须遵循以下两点原则：

第一，建立令人吃惊的鲜明形象。

第二，不要做任何多余的解释，只需要伴之以几个不同寻常或神奇的事实就足够了。这些事实可以是一场伟大的胜利，也可以是某个大奇迹，或者是一桩惊人的罪恶，甚至是一条令人震惊的预言、一个恐怖的前景。无论哪一类，都必须整体呈现在群体面前，其来源则没有必要透露给大众，以免引起额外的麻烦。

影响民众想象力的并不是事实本身，而是他们发生和引起注意的方式。因此只有进行浓缩加工，才会建立起令人瞠目结舌的惊人形象。

即使有几百条甚至几千条小罪行与小事件，也难以触动群众的想象力。一次大罪行或大事件却会给他们留下深刻的印象，即使其后果造成的危害与一百次小罪行相比不知小多少。法国曾经爆发过可怕的流行性感冒，仅仅在巴黎一地就夺走了 5000 人的生命，但是它却没有在民众中造成很大的反响。究其原因，这种真实的大规模死亡没有以某个生动的形象表现出来，而是通过每周发布的统计信息呈现的。

假如一次事件造成的死亡只有 500 人，但它是在一天之内发生于公众面前，就会变成极其引人瞩目的事件。比如，埃菲尔铁塔的轰然倒塌，就会对群众的想象力产生重大影响。

曾经有一次，人们因为与一艘横渡大西洋的汽船失去了联系，便以为它已经在大洋之中沉没了，这件事情对群众想象力的影响整整持续了 1 周。根据官方的统计表明，仅仅在 1894 年

1 年的时间里，就有 850 条船和 208 艘汽轮失事。以造成的生命、财产损失计算，比那次大西洋航线上的失事严重得多，然而大众并不会关心那些连续不断的事件。

从这个意义上来说，只要掌握了影响群众想象力的艺术，也就掌握了统治他们的艺术。

第四章 群体采取的宗教信仰形式

提要：宗教感情的构成 / 它与对神灵的敬仰无关 / 它的各种特征 / 各种例子 / 民众所崇拜的神灵从来就没有消失过 / 它们复活的新形式 / 无神论的宗教形式 / 从历史的角度来看观念的重要性 / 各种类似的事件是群体宗教感情的结果，不是独处的个人意愿

我们已经证明，群体没有推理能力，对于观念，群体不是全盘接受，就是完全拒绝。对群体产生影响的暗示，会彻底征服他们的理解力，并且使情绪立刻变成行动。对群体施以恰当的影响，他们就会为自己信奉的理想慷慨赴死。由于群体只会产生狂暴而极端的情绪，同情心很快就会变成崇拜，厌恶几乎会立刻转变为仇恨。假如我们对群体的这些特点做更细致的研究，就会发现无论是在狂热宗教信仰的时代，还是政治大动荡的时代，都有同样的感情和古怪的形式——没有比宗教感情更

好的称呼了，这就是偶像崇拜。

这种感情十分简单，生命对某种力量的畏惧，使得信徒盲目服从偶像的命令，信徒没有能力也不愿意对偶像的信条展开讨论，他们有着传播偶像信条的强烈愿望，并且会把不接受这些信条的任何人都视为仇敌。这种感情涉及的，无论是看不见的上帝、英雄，还是木雕、石像，只要具有上述特点，便成为一种宗教感情。

路易十五时期，圣格美伯爵声称自己发现了长生不老药和点金石，夸耀自己活了 2000 多年，无数人相信了他的鬼话。他当时约 70 岁，但看起来只有 40 多岁，气色非常好。他是个博学多才的人，当被问到他与古代圣贤交往的情况时，他对答如流，没有任何破绽。能够随意进出社交明星庞帕德夫人化妆间的只有圣格美伯爵一个人。夫人很喜欢与他聊天，伯爵在她面前表现得很谦虚，但她相信他至少活了 300 年。

一旦民众开始迷信一个人，常常会攀比谁更迷信。巴黎到处都在流传这位伯爵的传奇故事。几个喜欢恶作剧的年轻人进行了一项试验：他们雇了一位喜剧演员，让他扮成圣格美伯爵的模样，站到大街上去吹牛。这位假伯爵站在大街上信口雌黄，他说自己曾经与救世主共进晚餐，而且把酒变成了水；他和耶稣是亲密好友，耶稣经常警告他不可太放荡，否则晚景凄凉。这位假伯爵惊讶地发现，民众什么都相信，甚至连如此亵渎神灵的昏话也毫不怀疑。

如果一个人只崇拜某个神，那还算不上虔诚的信徒。只有当他将自己的一切思想无条件地服从行为，将发自肺腑的幻想热情全部奉献给一项事业或一个人，并将其作为自己全部思想和行动的目标与准绳时，才能够说他是个虔诚的信徒。

偏执与妄想是宗教感情的必然伴侣。凡自信掌握了现世或来世幸福秘密的人，都会有这样的表现。17 世纪初的德国“玫瑰十字会”正是这样的一个团体，几乎所有的梦想家和炼金术士都加入了这个教派。他们称加入教会的前八名成员能够百毒不侵，如果他们愿意，还可以把教皇的皇冠摧毁成粉末。这些人信誓旦旦地声称加入“玫瑰十字会”的人有神保佑，并获得创造奇迹的魔力。所有会员都能治愈百病，平息狂风暴雨，能腾云驾雾，还能够打败恶魔。

这种妄想在信徒中快速地传染，使他们变得狂热，最终演变成偏执的宗教狂。

恐怖统治时代的雅各宾党人，骨子里和宗教法庭时代的天主教徒一样虔诚，他们残暴的激情也有着同样的来源。盲目的服从、残忍的偏执、狂热的宣传等是宗教感情固有的特点，群体的信念也如此，他们的一切信念都带着宗教的形式。被某个群体拥戴的英雄，在这个群体看来就是一尊真正的神。拿破仑当了 15 年这样的神，他比任何一尊神得到的崇拜都多，也比任何一尊神都更容易置人于死地。基督教的神和异教徒的神，对他们的信徒都从未实行过如此绝对的统治。

身为领袖，如果想要让自己创立的宗教或政治信条站住脚，就必须成功地激起群众想入非非的情感。群体无时无刻不在幻想，如果能够让他们在崇拜和服从中找到自己的幸福，就能够让他们随时准备为自己的偶像赴汤蹈火。

德·库朗热在论述罗马高卢人的杰作中指出，维持罗马帝国的根本不是武力。整个帝国的武装力量，只有区区 30 个军团，却能够让整整一亿人俯首听命。其秘诀就是偶像崇拜，神就是皇帝本人！他们服从的原因在于，皇帝是罗马伟业的人格化象征，他像神一样得到了全体人民的一致崇拜。从帝国的一端到另一端，到处都可以看到新宗教的兴起，它的神就是皇帝本人。在帝国的任何一个小镇，皇帝都有祭坛。

在基督教兴起之前，罗马帝国的60多个城镇都建造了奥古斯都皇帝的神殿。为了维持这种机制，每个城市还专门选举出一名神甫，他是当地的首要人物，权力与威信都凌驾于市政官与治安官之上……显然这一切靠畏惧和奴役是做不到的。不可能整个民族都被奴役，尤其不可能是长达3个世纪的奴役。崇拜君主的并不是那些朝臣，而是罗马群众。不仅仅是罗马，还有高卢地区、西班牙、希腊，甚至是某些亚洲国家。

一切宗教或政治信条的创立者能够立住脚，皆因为他们成功地激起了群众想入非非的感情。如今，大多数支配着人们头脑的大人物，已经不再设立圣坛，但是他们还有雕像，或者画像，信徒对他们的崇拜行为，和之前的种种相比毫不逊色。群众首先需要一个上帝！偶像崇拜永远不会消亡，因为群众需要宗教。

偶像崇拜古而有之，并不只是过去时代的神话。历史上，同理性永恒的冲突中，理性从来没有战胜过感情。大众被神、宗教奴役太久了。在过去100年里，他们从未拥有过如此多的崇拜对象，古代的神也无缘拥有这么多的受到崇拜的塑像。无论时代进步到何种程度，即使不再有圣坛与雕像存在，也会有新的形式来替代。

研究过大众运动的人知道，在“布朗热主义”的旗号下，群体的宗教本能是多么容易复活。1886年，那位鼓吹对德复仇的布朗热将军开始担任陆军部长，在任何一家乡村小酒馆里，都能找到这位英雄的画像。他成了匡扶正义、铲除邪恶的全能英雄，成千上万的人愿意为他献出生命。如果不是因为他性格懦弱临阵怯场，不敢发动政变的话，以他传奇的名望，定能在历史的伟人名单上占据一席之地。

我们都知道，群众需要宗教。任何想在群众中扎根的政治、神学或社会信条，都必须采取宗教的形式，这种把危险排除在外的讨论形式。除了宗教之外，没有一个团体能够排除对危险的讨论，而危险，往往是分裂的开端。即使要群众接受的是无神论，这种信念也得表现出宗教情感中特有的偏执，只有表现出顶礼膜拜和服从，才可能被群体接受。

实证主义者这个小宗派的演变，为我们提供了一个不寻常的例证。陀思妥耶夫斯基这位思想家曾是一位虚无主义者、虔诚的有神论者。有一天他受到了理性思想的启发而突然觉悟，撕碎了小教堂祭坛上一切神仙和圣人的画像，吹灭了蜡烛，立刻用无神论哲学家的著作（例如毕希纳和莫勒斯霍特）代替了那些被破坏的物品。其实，说到底这位思想家的宗教感情没有丝毫变化，变化的只有宗教信仰的对象。

除非我们在研究群体信念时，长期采取宗教形式，否则便不可能理解那些重大的历史事件。对某些社会现象的研究，更需要从心理学的角度出发，而不是自然主义。史学家泰纳只从自然主义的角度研究法国大革命，因此他看不到某些事件的起源。他对事实有充分的讨论，但从研究群体心理学的要求来看，他并没有找出大革命的起因。历史大革命中的血腥、混乱和残忍的一面让他惊恐，但他也没能看出那些伟大英雄的背后，还有一群癫狂的野蛮人肆意妄为，那些人对自己的本能毫不加以约束。

包括这场革命的暴烈，它的肆意屠杀，它对宣传的需要，它向一切事物发出的战争宣言，统统因为泰纳研究方法的偏差而被埋没。只有认识到这场革命不过是新宗教信仰在群众中建立起来而导致的，才会得到恰当的解释。除了法国大革命之外，宗教改革、圣巴托洛缪的大屠杀、法国的宗教战争、西班牙的宗教裁判所等，都是受宗教感情鼓动的群众所为。凡是怀有这种感情的人，必然会千方百计将反对建立新信仰的人斩草除根。

遍布西班牙全境的宗教裁判所，仅一所在 1483~1498 年 15 年的时间里，就审讯了 10 万教徒。这种极端而残酷的办法并不稀奇，凡是那些有着真诚而不屈信念的人，都会采用这样的办法来对付反对者。假如他们采用了别的办法，他们的信念就会大打折扣。

上文所述事件，只有在群众的灵魂想让它发生时，它才有可能发生，即使最绝对的专制者也无法制造出这些事件来，即使握有绝对权力的专制君主，充其量只是加快或延缓其显现的时间罢了。当史学家告诉我们圣巴托洛缪大屠杀是一个国王所为时，他对群体心理理解表现得和君王一样无知。所有的屠杀命令，固然可以由君王来发布，却必须由群体来贯彻。在这些事件的深处，我们找到的绝不是统治者的权力，而是群体灵魂的运作。

第二卷

群体的意见和信念

第一章　群体意见和信念中的间接因素

提要：群体信念的准备性因素 / 群体信念的诞生是先前工作的结果：研究信念的这些因素 / 种族 / 它所产生的重要影响 / 它体现了先辈的暗示 / 传统 / 它是种族精神的综合 / 传统在社会中的重要性 / 成为需要后，它又如何成为有害的东西 / 群体是传统观念最顽固的 / 时间 / 它逐渐酝酿信念的诞生，然后摧毁它们 / 多亏了它，秩序才得以恢复 / 政治与社会制度 / 关于其作用的错误认识 / 它们的影响极其微弱 / 它们是结果，而不是原因 / 民族无法选择自己觉得好的制度 / 制度是标签，标签后面，隐藏着不相同的东西 / 制度是如何建立起来的 / 某些民族需要理论上看起来很糟的制度，比如集权制 / 德育和智育 / 目前关于教育影响群众的错误观点 / 统计学上的说明 / 拉丁民族教育对道德的破坏作用 / 各民族提供的例子我们刚刚研究了群体的思想结构，了解了群体的感情、思维和推理方式，接下来我们探讨群体的意见和信念是如何形成的。决定群体意见和信念的因素有两种：间接因素和直接因素。

间接因素是指能够使群体接受的信念。群体接受这些信念后，难以再接受别的信念。间接因素为以下情况的出现准备了基础：突然冒出来一些威力与结果都令人吃惊的新观念。某些观念的暴发，并被付诸行动，看起来显得十分突然，但这只是一种表面结果，在它背后，我们可以找到一种延续良久的准备性力量。

随着上述长期性准备工作的延续，它们成为实际说服群体的资源时，便成了直接因素，不过，若是没有那些准备性工作，直接因素不会产生作用。也就是说，直接因素使观念产生结果。大众突然开始贯彻的方案就是直接因素引起的。一次骚乱的爆发，或一个罢工决定，甚至民众授予某人权力去推翻政府，都可归因于直接因素。

如果说间接因素相当于长时间的虫啃蚁噬，那么直接因素就是一次强烈的地震或台风。虽然看上去是外力破坏了房屋，但房屋的地基实际上早已经被掏空了。

所有重大历史事件中都能发现这两种因素的相互作用。举一个令人震惊的事件为例，法国大革命的间接因素包括哲学家的著作、贵族的苛捐杂税与科学思想的进步。有了这些间接因素，民众便很容易被演说家的演讲打动，或反抗政府无关痛痒的改良。某些间接因素具有普遍性，它们是群体一切信念和意见的基础。这些因素就包括种族、传统、时代、制度和教育等。

种族

种族是最重要的间接因素，它本身的重要性远远超过其他因素。我在《民族演化的心理规律》一书中曾充分研究过，故无须再做详细讨论。在这本书中，我们说明了每个种族都有它的特点，这种特点又形成了它的种族性格。这种种族性格一代代传递下去，形成了这个种族的力量、信仰、制度和艺术。总之，这个种族文明中的一切成分，仅仅是它种族性格的外在表现。

某种观念从一个种族传播给另一种族时总会发生深刻的变

化。环境变化、突发事件都可能会给一个民族带来新的暗示，引导他们付诸行动，进而带来相当大的影响。但是，如果这种影响与该民族的民族性格相反，或与一个民族世代继承下来的因素相对立，那么它就只是暂时的。

种族因素的影响是如此强大，它决定着群体气质的特征。这一事实造成的后果是，不同国家的群体受到影响的方式各不相同，其表现出的信念和行为也不同。英国的南海泡沫事件是这方面最好的例子。当时，密西西比股票狂潮在法国如日中天，在这个神奇的泡沫肆意膨胀的日子里，法国人失去了仅存的理性，不再满足于从事那些赢利较慢的产业，人人都渴望能够立刻拥有无穷无尽的财富，于是铤而走险，开展了一场大胆的计划。

当这股风潮来到英国时，英国人像法国人一样，也被这种离奇的计划所迷惑，千万双眼睛中饱含欣喜，仿佛看到了金银财宝扑面而来的景象。与法国不同的是，盎格鲁－撒克逊民族骨子里强烈的理性成分发挥了作用，除了一部分从始至终持反对意见的当权者之外，即使是普通百姓也没有完全投入这场疯狂的游戏。这也正是为什么闹剧在法国持续了整整 4 年，而在英国只进行了8个月的原因所在。关于民族这一因素的作用，后面还会有所涉及，我们在这里需要了解的，是它对各民族群体气质特征的影响。事实上，正是这种影响存在着差别，才决定了今日世界的格局。

传统

传统，即过去的观念、欲望和感情，它们是种族精神综合作用的产物，对我们的日常行为发挥难以觉察的巨大影响。传统是种族的特性之一，自从胚胎学证明时间对生物进化的巨大影响以后，生物科学便发生了变化。假如我们把民族看成单个生物，那么它就是在历史中的一个有机体。

若是这种理论有更多的人知道，想必历史科学也会出现类似的变化。许多政客与之前的学究们相比高明不到哪儿去。但他们却相信社会能够和自己的过去决裂，完全遵照理性之光指引的唯一道路前进。如同其他有机体一样，只能通过缓慢的遗传过程积累变化。因此，一个民族的传统是极其稳定的，除了一些名称和外在形式，人们无法改变什么，就如同喀斯特地貌中的钟乳岩——需要长年累月的物质沉淀，一旦形成之后，又很难被腐蚀一样。

传统不仅稳定，而且支配着人们的行为，当他们形成群体时就更是如此。他们能够轻易改变的，不过是一些名称和外在形式而已。对这种状况不必感到遗憾。脱离了传统，不管民族气质还是文明，都不可能存在。为了保持传统，人类进行着两大努力，一是建立传统，二是当有益的成果已变得破败不堪时，便努力摧毁这种传统。无论是新传统还是旧传统，倘若没有旧传统，文明就不可能延续，如果没有新传统，文明也不可能进步。

而我们要面对的是一个困难——一个极大的困难——如何在稳定与求变之间取得平衡。如果一个民族使自己的习俗变得过于牢固，就很难发生变化。中国是这方面的典型，她故步自封，使整个国家没有任何改进能力。即使暴力革命也没什么用，结果不过是打碎的锁链被重新拼接在一起，让整个过去原封不动地再现，或者是对被打碎的事物撒手不管，让无政府状态来取代衰败。

对一个民族来说，最理想的状态莫过于保留过去的制度，同时又用不易察觉的方式一点一滴地改进。在稳定与变革之间求得平衡是很困难的，更何况，群体会本能地对一切变革进行阻挠。使它变成现实的只有古罗马人和近代英国人。

群体对传统有着崇拜式的迷恋，他们抱残守缺，极其顽固地反对变革传统观念。即使是最狂暴的反叛行为，最终不过是些嘴皮子上的变化。18 世纪末，教堂被毁，僧侣们有的被驱逐出境，有的命丧断头台，礼拜制度一度销声匿迹。人们也许认为，旧的宗教观念威力已经消亡，但没过几年，为了顺应平民大众的要求，礼拜制度又建立了起来，旧传统又恢复了昔日的影响。

最不受怀疑的偶像，并不住在庙堂之上，也不是宫廷里那些专制的暴君——他们转瞬之间就可以被摧毁。支配我们内心最深处的自我，是那些看不见的主人——传统，它能安全地避开一切反叛，在漫长的时间里慢慢消磨，直至某天新的传统形成，它才会被打破。

时间

时间对于社会问题就像对生物学问题那样，是最有力的影响因素之一。它是世间万物的真正创造者，也是世间万物唯一的伟大毁灭者。积土成山、滴水穿石需要时间，从地质时代模糊难辨的细胞到高贵的人类，需要的也是时间。只需要短暂的几百年，便足以改变一切固有的现象。假如蚂蚁有足够的时间，也能把勃朗峰夷为平地。如果有人掌握了随意改变时间的魔法，那么他便有了上帝的权力。时间控制一切信仰的诞生、成长和死亡，它因时间而获得力量，同时也因时间而失去力量。群体的思想和信念是由时间酝酿起来的。

时间把各种信仰和思想的碎屑堆积成山，使某个时代能够产生出观念。这些观念的出现，并非掷骰子般全凭运气决定输赢，它们深深植根于漫长的过去。之所以能开花结果，是因为时间为它们做好了准备。如想了解它们的起源，就必须追溯过往。它们既是历史的儿女，又是未来的母亲，却永远是时间的奴隶。

席卷欧亚大陆的十字军的出现就绝非偶然，面对潮水般的基督朝圣者，圣城耶路撒冷的官方颁布了一个苛刻的法令：每个进圣地的朝圣者，都必须缴纳一个金币。这让那些千辛万苦而来的朝圣者愤怒至极，穷困潦倒的人们在耶路撒冷城外徘徊不前。直到一位富裕的信徒载了一大堆金币，替他们交了过路费之后，才得以进城。对耶路撒冷的统治者来说，朝圣者是他们的滚滚财源。

面对不断涌入圣城的朝圣信徒，统治者在朝圣的路上设下种种障碍，以各种方式来迫害朝圣者。抢劫、鞭打、连续几个月被关在城外、被迫缴纳钱财等情况整整持续了一个多世纪，双方矛盾不断加深，战争濒临爆发的边缘。

一位名叫彼得的隐士历经磨难赶到耶路撒冷，却受到各种虐待。他义愤填膺地到处演讲，历数东方世界的邪恶，声泪俱下地控诉基督徒在圣地受的虐待，最终使得教会做出了“解放圣地”的决定。如果没有长达一个世纪的情绪积累，西方世界也不可能在仓促之间有此决定。

时间是我们最可靠的主人。我们害怕群众咄咄逼人的欲望，担心他们会进行破坏，引起动荡。意欲恢复平衡，除了依靠时间再无他法。拉维斯先生所言甚是："没有哪种统治制度可以一夜之间建立起来。政治和社会组织都是经历了数百年才打造出来。封建制度在建立典章之前，经历了数百年毫无秩序的混乱。绝对君权也是经历了几个世纪才找到确定的统治方式。"

政治和社会制度

改进统治制度可以改正社会的弊端，国家进步是好的制度带来的结果。社会变革可以用各种命令来实现，这些看法至今仍被普遍认同。然而，这些严重的谬见正是法国大革命的导火索。目前，各派社会学说也仍然以此为基础。

最具连续性的经验也未能动摇这个重大的谬见。哲学家和史学家们想证明它的荒谬，结果都是徒劳。不过他们却可以毫不费力地证明，各种制度是观念、感情和习俗的产物，而观念、感情和习俗并不会随着改写法典而被一并改写。

对一个民族来说，谁都无法随意选择自己的制度，如同我们不能随意选择自己的头发和眼睛的颜色一样。既然制度和政府都是民族的产物，这就决定了它绝对不可能创造某个时代，只能被这个时代创造。

各民族的性格决定了他们要怎样被统治。一种政治制度的形成需要上百年的时间，要改变它也同样需要相应的时间。世界上既不存在一个绝对的好制度，也不存在一个绝对的坏制度。而制度也没有固有的优点，就其本身而言无所谓缺点。

在特定的时刻对一个民族有益的制度，对另一个民族也许是有害的。比如，我们经常认为共和制要比君主制民主，因此共和国的人民也就要比君主国的人民幸福。可实际上的情况又是怎样的呢？英国是世界上最民主的国家，至今还生活在君主制的统治之下，反倒是那些拉丁美洲与非洲的民主共和国，常常专制且嚣张地压迫公民。尽管这些国家都建立了共和制度，也制定了共和国的宪法，但决定着各民族命运的是种族性格，而不是他们的政府。

浪费时间炮制各种煞有其事的宪法，如同小孩子过家家一样，不过是毫无用处的劳动。要想完善制度，最明智的做法，就是让必要性和时间这两个因素发挥作用。这就是盎格鲁－撒克逊民族采用的办法，正如他们伟大的史学家麦考莱告诉我们的一样：拉丁民族各国的政客，应当认真地学习这种方法。他认为，从纯粹理性的角度看法律，只会看见一片荒谬与矛盾。他对拉丁民族一拥而上发疯般制定出来的宪法与英国的宪法进行比较后指出，后者总是一点一滴地慢慢发生变化，其来自必要性，而不是来自思辨式的推理。

不考虑是否严谨对称，只是考虑是否实用；不单纯以正常为理由去消除它，除非有明显的缺憾，否则绝对不变革；除非能够消除这些缺憾，否则绝不进行革新；除了针对具体情况必须提供的条款之外，绝对不扩大条款。从约翰国王时代直到维多利亚女王时代，这五大原则一直支配着 250 年的议会，让它的行动有章可循，从容不迫。

想要弄清各民族的法律与制度能在多大程度上满足种族的需要，对它们逐一审查即可，没有必要进行粗暴的变革，例如集权制的优点和缺点，可以专注于哲学上的研究。法国这个由不同民族构成的国家，用了整整 1000 年的时间来维护集权制，当法国民众感觉到不满时，他们选择了粗暴的革命。一场目的在于摧毁过去一切制度的大革命平息后，人们惊讶地发现，这样大革命的结果虽然毁灭了一套旧集权制，却建立了一套新的集权制，而且这个集权制进一步强化，更具备压迫性。

如此看来，我们就得承认集权制是法国迫切需要的产物，是这个民族的生存条件。对那些妄图毁掉集权制度的政客，我们只能说遗憾。

上述结论是，制度无法解决现实中存在的问题，民族的幸福也不能到制度中去寻找。以暴力革命为代价，虽然可以改变其名称，但是其本质依然如故。名称不过是些无用的符号，历史学家在深入到事物的深层时，应该少留意这些因素。

当众多的拉美国家从西班牙的统治下独立出来后，他们做的第一件事就是效仿美国，一拥而上发疯地制定宪法文本，结果却变得十分糟糕。

美国在民主制度下取得了高度繁荣，而另一些国家，譬如那些西班牙的美洲共和国，在极为相似的制度下，共和国人民却生活在可悲的混乱状态之中。制度与一个民族的伟大和另一个民族的衰败都是毫不相干的。各民族受自己的性格支配，凡与这种性格不合的模式，都不过是一件借来的外套，一种暂时的伪装。

但民众认识不到这一点，他们将不满归结于制度，又将希望寄托于制度，如同对待圣人的遗骨一样。对待未实行的制度，赋予它以创造幸福的超自然力量。各种幻想和新词汇反复冲击民众的头脑，它们对民众的影响力，和它们的荒诞一样强大。为强行建立某些制度而进行的血腥战争和暴力革命一直都在发生，而且还会继续发生下去。

教育

当前主要观念中，首当其冲的是：教育能够改变人。这种观点认为教育能万无一失地改造民众，甚至把他们变成平等的人。这种主张被不断地重复，当它被重复得足够多时，就足以让它最终成为最牢固的民主信条。以至于今天要击败这种观念，如同过去击败教会一样困难。

这个问题和其他问题一样，民主观念与心理学、经验有着明显的差异。包括赫伯特·斯宾塞在内的许多杰出哲学家，已经毫不费力地证明，教育既不会使人变得更道德，也不会使人更幸福；既不能改变人的本能，也不能改变人天生的热情。甚至在某些时候，教育的坏处还会大于好处——只要受到了不良引导即可。

统计学家已为这种观点提供了佐证。根据统计学家的观点，犯罪随着教育，至少是某种教育的普及而增加，最穷凶极恶的罪犯同时也是在学校获奖者名单上有案可查的人。杰出的法官阿道夫·吉约先生在一份报告中指出，受过教育的罪犯和文盲罪犯的比率是 3∶1，在 50 年的时间里，人口中的犯罪比例从每 10 万居民 227 人上升到了 552 人，增长了 1.4 倍之多。

这一点在法国体现得尤为显著，法国的年轻人犯罪率大幅度攀升。而人尽皆知的是，法国为了这些年轻人，已经用免费的义务制教育取代了交费制。而那些成为社会敌人的，往往是受过高等教育的家伙。

当然，正确引导的教育还是十分有益的——就算不能提升道德水平，至少也会有益于专业技能的发展。不幸的是，尤其是在过去 25 年里，拉丁民族把他们的教育制度建立在了十分错误的原则上，尽管布雷亚尔、德·库朗热、泰纳等许多人提出了意见，但他们依然不思悔改。我在过去出版的一本书中指出，法国的教育制度把多数受过这种教育的人变成了社会的敌人，它为糟糕的社会主义形式培养了学生。

这种制度（可能很适合用“拉丁”二字来形容）建立在一个错误的心理学基础上面。这种制度认为，智力可以通过一心学好教科书来提高，只要一个人的成绩足够好，那么他的智力就会获得稳步提高。从小学到离开大学，如果一个年轻人只死记硬背书本知识，那么他的独立思考能力和个人意识从来派不上用场。受教育对于他来说就是背书和服从。很多孩子在学校里对着语法和公式努力，为的是做到准确重复、出色模仿，这种教育的唯一结果就是让学生成为学舌鹦鹉。

如果应试教育仅仅是无用，我们尚可同情那些孩子们，虽然他们没有在小学里学习必要的社会技能，但好歹学会了一些基本的传统文化和科学常识。但这种制度造成的危险要远比这严重得多，它使服从它的人强烈地厌恶自己的生活状态，极想逃之夭夭。

应试教育制度在社会底层创造了一支无产阶级大军，这个群体对自己的命运愤愤不平，随时都想起来造反。它在高层又培养出一群轻浮的纨绔子弟，他们多疑又轻信，对国家抱着迷信般的信任。一边把它视若真理，一边却又对它表现敌意，总把自己的过错推给政府，而一旦离开了当局的干涉，他们便一事无成。

国家用教科书制造出了这么多有文凭的人，却只能利用其中的一小部分。于是，没有得到职位的人便全都成了国家的敌人。

从社会最高层到最低层，从最卑贱的小秘书到教授、警察局长，大量炫耀文凭的人在围攻各种政府部门的职位。商人想找一个代替他去殖民地工作的人难上加难，成千上万的失业大军与谋求安逸的人却在谋求最平庸的机关差事。仅在塞纳一地就有几百名男女教师失业，他们蔑视农田或工厂，只想从国家那儿讨生计，偏偏名额有限，大量高不成低不就的人心怀不满。他们随时会参与任何革命，不管头领是谁，也不管有什么目标。

掌握一些派不上用场的知识，是让人造反的不二法门。我们现行的教育制度的唯一价值就是，为这个多灾多难的国家添加了数以万计的懒汉、寄生虫和不安定因素。放眼全世界，犯下此种错误的民族还不少。

迷途知返为时已晚。只有经验这位最好的老师最终会指出我们的错误——必须废除我们那些可恶的教科书和可悲的考试，代之以勤劳的教育，让我们的年轻人回到田野和工厂，回到他们今天不惜任何代价逃避劳动的事业。向人灌输大量肤浅的知识，不出差错地背诵教科书，不可能提高我们的智力水平。能够帮助我们走向成功的条件是判断力，是经验，是开拓精神和个性！而这些优良品质，偏偏不是死读书就能得来的。教科书和字典固然可以充当有用的参考工具，但只把他们放在脑子里没有任何用处。

一切我们所需的职业教育，都是我们祖辈过去所受的教育。在今天，凭自己意志力、开拓能力和创业精神统治世界的民族中，这种教育模式依然强盛。伟大的思想家泰纳先生在著作中清楚地说明了，我们过去的教育制度与今天英国、美国的制度大体相似。泰纳在对拉丁民族和盎格鲁－撒克逊民族的制度进行不同寻常的比较时，明确指出了这两种方式的后果。

在迫不得已的情况下，人们也许认为继续接受我们古典教育中的全部弊端好过什么也不学，尽管它只能培养出心怀不满和不适应自己生活状况的人，但向学生灌输大量肤浅的知识，不出差错地背诵大量教科书，至少能够提高智力水平。这个结论相当荒谬，生活中取得的成功都不是书本可以给我们的。那么，如何能提高专业智力，使它高于古典教育的水平呢？泰纳先生给出以下文字。

思想只有在自然而正常的环境中才能形成。因此，我们需要年轻人每天从工厂、矿山、法庭、建筑工地和医院等地方，获得大量的感官印象；他得亲眼看到各种工具、材料和操作；他得与顾客和劳动者在一起，不管他们干得是好是坏，也不管他们是赚是赔。只有采用这种方式，他们才能对那些从眼睛、耳朵、双手甚至味觉中得到的各种细节，得到微不足道的理解。学习者在不知不觉中获得了这些细节，默默地推敲，在心中逐渐成形，并且或迟或早地产生一些提示，让他们着手新的组合、简化、创意、改进或发明。

而我们却恰恰在最能出成果的年纪，被剥夺了所有这些宝贵的接触。在应该学习这些的七八年的时间里，我们一直被关在学校里，被切断了一切亲身体验的机会，因此对于世间的人和事，对于控制这些人和事的各种办法，不可能得到鲜明而准确的理解。

毫不客气地说，十有九人浪费了他们的时间和精力，而且浪费的是非常重要的、决定性的几年。他们中间有一半甚至三分之二的人参加考试不及格，然后被残酷地淘汰掉。另外一半或者三分之一在拿学历或证书时又被淘汰了。

人们对他们要求很严格。要他们在规定的某一天，坐在一把椅子上，面对答辩团，在连续两小时的时间里，解答各种问题。或许他们当时的确拥有那些知识。但用不了个把月，他们便忘了，脑子里那些过多的、过于沉重的学识不断流失，且没有新东西补充进去。他们旺盛的精力衰退了，他们继续成长的能力枯竭了，一个得到充分发展的人出现了，但他也筋疲力尽了。

于是他成家立业，落入生活的俗套。只要落入这种俗套，他就会把自己封闭在狭隘的职业中，工作也许还算本分，仅此而已。这就是平庸的生活，收益和风险不成比例的生活。

在教育青年人的方面，英国人与美国人做得更好。英国人的工程师不是在学校学出来的，而是在车间里训练出来的。这种办法表明，每个人都能达到他的智力范围内的水平。如果他是个平庸的人，没有进一步发展的能力，那么他可以做工人或领班；如果他天资不俗，他便会成为工程师。与考试相比，这种办法更民主，对社会的好处也更多。

在医院、矿山、工厂、建筑师或律师的办公室里，那些十分年轻就开始学业的学生们，按部就班地经历他们的学习。在投入实际工作之前，他们也有机会接受一些一般性的教育，而这可以把他们迅速观察到的东西储存进去，而且他能够利用自己在空闲时间得到的各种各样的技能，然后逐渐把自己充实成为一个全面而健康的人。学生的实践能力得到了发展，并且与其才能相适应，发展方向也符合他未来的任务和特定工作的要求，因为这些工作就是他今后要从事的工作。

因此在英国或美国，年轻人很快便能尽量发挥自己能力。在25岁时——如果不缺少各种材料和部件，时间还会提前——他不但成了一个有用的工作者，甚至具备自我创业的能力；他不只是机器上的一个零件，而是一个发动机。而在制度与此相反的法国，却越来越向中国看齐。由此造成的人力浪费还能够接受，然而这种教育制度与实践生活不断脱节的趋势却令人忍无可忍。

关于拉丁民族的教育制度与生活不断扩大的差距，泰纳接着说：

在教育的三个阶段，即儿童期、少年期和青年期，如果从考试、学历、证书和文凭的角度看，坐在学校板凳上啃理论和教科书的时间长得过头了，而且负担过重。采用的方法也糟糕透顶，以至于已经成为一种严重违反自然的、与社会对立的制度。过多地延长在学校学习的时间，培养懒汉的寄宿制度，过多的人为训练、教学和功课，对今后的时代完全没有考虑，对人的职业缺乏安排，对年轻人很快就要投身其中的现实世界装聋作哑，不考虑学生如何适应社会，不考虑人类为保护自己而必须从事的斗争，不教学生如何保持坚强意志……

有必要的准备、最重要的学习、丰富的常识、坚忍不拔的意志力，凡是年轻人应该拥有的知识，我们的学校一样也没有教。我们的教育不但没有让他们获得更好的生存能力，反而破坏了这些能力。这使得我们的年轻人一走入社会，进入他的活动领域，就开始遭遇一系列的痛苦与挫折，由此给他造成的创痛久久不能痊愈，甚至让他失去生活能力。这样的教育制度，对年轻人的精神和道德都造成了不良影响，甚至有难以恢复的可能。学校的幻想与美梦，在严酷的现实面前彻底地破灭了，强烈的欺骗感、失望感，是一个心理素质不完备的青年人难以承受的。

也许有人认为我对教育制度的批判，严重脱离了群体心理学的主题。如果我们要厘清那些今天正在大众中酝酿、明天就会付诸行动的各种想法和信念究竟是怎样产生的，那些恶化的群众头脑究竟是如何由当前的制度培养出来的，冷漠而中立的大众是如何变成了一支心怀不满的大军，并随时都会听从一切乌托邦分子和花言巧语者的暗示的，就必须了解其成长的土壤。

在改善或恶化群众的头脑方面，教育至少发挥了一部分作用。

如果不能认清这一点，任由我们的学校培养一批批狂热的暴徒、无知的群众，那么可以预见在不远的将来，为我们的民族走向衰败铺平道路的，正是我们的课堂。

第二章　群体意见和信念中的直接因素

提要：形象、词语和套话 / 词语和套话的力量 / 词语的力量与其揭示的形象有关，但独立于它真正的含义 / 这些形象随着时代和种族的不同而不同 / 一些常用词意义变化极大的例子 / 给某些旧词换上新名字 / 词语的意义根据种族的不同而不同 / 民主在欧洲和美洲的不同意义 / 幻觉 / 幻觉的重要性 / 所有文明都以幻觉为基础 / 社会需要幻觉 / 群体喜欢幻觉而不喜欢真理 / 经验 / 只有经验能消灭已经变得很危险的幻觉 / 经验只有不断重复才能起作用 / 逻辑在历史中的作用 / 不可思议的事情发生的原因

间接因素赋予了群体心理特定属性，使某些感情和观念得以发展。现在，我们来研究对民众的心理造成最后一击的直接因素。

本书的第一部分研究过集体的感情、观念和推理方式，根据这些知识，我们可以从影响他们心理的方法中归纳出一般性

原理。我们已经知道什么事能刺激群体的想象力，也了解了暗示，特别是那些以形象的方式表现出来的暗示的力量和传染过程。但正如暗示可以有完全不同的来源一样，能对群体心理产生影响的因素也相当不同，因此必须分别研究。古希腊神话中有个狮身人面兽叫斯芬克斯，它盘踞在道路上，和过路的行人猜谜。斯芬克斯问："什么动物早上四条腿走路，中午两条腿走路，而晚上三条腿走路？"答案是"人"。早上、中午、晚上分别比喻人的幼年、中年和老年。群体和斯芬克斯一样，我们必须解决他们提出的问题，不然我们就会被吞噬。

形象、词语和套话

研究群体的想象力时，我已经看到它特别易于被形象产生的印象左右。但鲜明的形象并非随时都有，在形象没有建立的时候，可以利用一些词语或套话，巧妙地把形象从民众心中激活。

1718 年，苏格兰大部分地区已经根除了对巫术的错误理解，但在一个叫开斯尼斯的偏僻小镇里，仍然保留着这些愚昧观念。

有一个木匠很讨厌猫，但猫总是喜欢聚集在他的后院里，木匠对此很困惑：为什么被骚扰的总是他？他思考再三得出结论：折磨他的不是猫，而是女巫。其女仆声称自己亲耳听见那些猫聚在一起说人话。一天，当这些猫又聚集在后院时，木匠冲出去砍杀它们，猫四散逃命，其中一只猫背部受了伤，一只猫屁股上挨了一刀，还有一只猫的腿部受了伤。几天后，有两名老妇去世，人们发现其中一位的背部有伤，另一位臀部有新疤痕。木匠和女仆很高兴，认为她们就是受伤的猫。

很多人都加入了搜寻女巫的队伍。一个摔断了腿的老人引起了人们的注意，她长得面目可憎，看起来十分像女巫。大家都认为她就是第三只母猫，于是大家把她从床上拉起来关进监狱，第二天，她在监狱里被折磨死了。

经过艺术化处理之后的词语有着神奇的力量，既能掀起群体心中的惊涛骇浪，也能平息风暴。被言语害死的人不计其数，他们的尸骨都能建造一座比胡夫金字塔更高的金字塔。

词语的威力与其唤醒的形象有关，但未必是其真实的含义。

语言的作用还远不止于此。除了诱发其他形象之外，有一些词语本身就是某种形象的代表。最不明确的词语，影响反而最大。民众往往会把自己潜意识中的希望，寄托在几个似是而非的词语上。如民主、社会主义、平等、自由等，这些词语的含义极为模糊，即使一大堆专著也搞不清它们究竟在说什么。但区区几个词语却蕴含着神奇的威力，被看成是解决一切问题的灵丹妙药。各种极不相同的潜意识中的抱负及其实现的希望，被它们集于一身。

说理与论证战胜不了词语和套话。它们和群体一起隆重上市，只要一听到这些词语，人们便不由自主地俯首称臣、肃然起敬。这些词语在人们心中激起宏伟壮丽的幻象，很多人将其当作自然的力量，甚至是超自然的力量。正是这些含糊不清的词语，使形象有了神秘的力量。它们是藏在圣坛背后的神灵，信众只能诚惶诚恐地顶礼膜拜。

虽然这些形象因时代而异，也因民族而异，但套话内涵并没有改变。那些形象和词语的联系是暂时的，词语是来唤醒形象的开关。

并非所有的词语和套话都能唤醒形象，某些词语在一段时间里有这种力量，但在使用过程中，大众头脑对其反应慢慢迟钝，直到它们变成充耳不闻的空话，套话的主要作用是让使用者背上思考的枷锁。我们用年轻时学到的少量套话和常识把自己武装起来，就能应付生活所需要的了，不必对任何事情都进行思考。

研究一下某种语言就会发现，它的词语变化极慢，而有些词语唤起的形象或人们赋予它们的含义却不停地发生着变化。因此我曾在另一本书中说，绝对不可能准确地翻译某种语言，尤其那些死亡的民族的语言。当我们试图用自己的语言来取代拉丁语、希腊语或梵语时，或当我们阅读一本经典古籍时，即使这些书是用自己国家的语言写的，但我们实际在做什么呢？不过是在用现代生活赋予词语的形象和观念，来代替另一些不同的形象和观念。它们是古代先祖头脑中的产物，其生活状况与我们没有任何相似之处。大革命时期的人以为自己在模仿古希腊和古罗马人，但他们除了把从来没有存在过的含义赋予古代的词语之外，还能做些什么呢？

词语唤起的形象，常常和它们的实际含义无关。如果我们了解一些历史，就明白这些热门的词语和原来的意义完全是两码事。如“共和”这个词来源于古希腊人，古希腊共和国是一种贵族统治的制度，由一小部分团结一致的独裁者统治着一群绝对服从的奴隶。这种共和只是贵族的共和，它建立在奴役民众之上，没了这种奴隶制，这种所谓的“共和”便不存在。

“自由”这个词同样诞生于古希腊，但那里的百姓从没有思想上的自由。如果谁敢讨论城邦的诸神、法典和习俗，那么他就犯下了滔天大罪，焉是吾辈今日所言之自由？

对古希腊的雅典人或斯巴达人来说，他们只崇拜自己的雅典城和斯巴达城，拒绝承认自己的同胞，彼此征战连年，从未统一过，但却创造出了“祖国”这个莫须有的词来。许多相互敌视的部落和种族组成了高卢，他们有不同的语言和宗教，凯撒因此轻易地征服了他们，因为凯撒总能从中找到盟友。只有罗马人在征服高卢的同时，使这个国家形成了政治和宗教上的统一。

不说远的，就拿16世纪前的事来说吧，法国人对“祖国”

一词的理解与波旁王朝时期发动叛乱的贵族大孔代——他勾结敌国反对自己的国君——是一样的吗？词还是那个词，但意义有所变化。从前，跑到外国去的法国保皇党人，他们认为自己反对法国是在恪守气节，他们认为法国已经变节，因为封建制度的法律是把诸侯同主子而不是土地联系在一起的，因此有君主在，才有祖国在。“祖国”对于他们的意义，与现代人大不相同。

意义随着时代的变迁而变化的词语比比皆是。对人类来说，它只有暂时含义。若想以词语为手段去影响群体，我们必须搞清楚某个时期群体赋予这些词的含义，而不是他们过去具有的含义，或对精神气质有所不同的人来说意味着什么。历代的政治家都颇为精通这点。

我们对词语的理解，只能达到过去经过了漫长的努力后能达到的水平。有人曾说，即使想正确理解“国王”和“王室”这种词语对我们的父辈们意味着什么，也需要做大量的研究工作。更为复杂的概念会出现什么情况也就可想而知了。

假如群体因为政治动荡或信仰变化，群体会对某些词语唤起的形象深恶痛绝，但又没办法改变，那么最好的办法就是给这些词换个说法。法国历史学家托克维尔很久以前就说过，执政府和帝国的具体工作就是用新的名称把大多数过去的制度重新包装一遍。比如说，在大革命之后，执政府把令人生厌的“地租”变成了“土地税”，把“盐赋”换成了“盐税”，把“徭役”改成了“间接摊派”，而商号与店铺的税款，也换作“执照税”。

这些新名词代替那些能够让群众想起不利形象的名称，因为它们的新鲜，能有效地防止群众产生反感。政治家最基本的任务之一，就是用普通词，至少是中性词，替代民众无法忍受的旧词。词语的威力如此强大，如果选择得当，它能使最可恶的事情改头换面，被民众所接受。史学家泰纳说，大革命风潮中的雅各宾派正是利用了“自由”和“博爱”这样的流行说法，建立起堪与达荷美（达荷美王国，是西非埃维族的一支阿贾人于17世纪建立的封建国家。国家全名为“达恩·荷美·胡埃贝格”，意思是“建在达恩肚子上的国家”，简称“达荷美”。1899年被法国所灭。）媲美的暴政，建立起和宗教法庭相似的审判台，干出与古墨西哥人相差无几的人类大屠杀来。统治者的艺术像律师的艺术一样，都擅长驾驭辞藻。这门艺术遇到的最大困难之一，就是同一个词对不同的社会阶层有不同含义，表面看着用词相同，其实他们说着不同的内容。

时间促成了词意的变化，再考虑种族因素，我们就会看到，在同一个时期，在教养相同但种族不同的人中，相同的词也经常会代表着不同的观念。比如使用频繁的“民主”和“社会主义”。

对拉丁民族来说，民主是指个人意志和自主权要服从于国家所代表的社会的意志和自主权，代表了国家要支配一切，控制一切，要集中权力，要垄断并制造一切，无论你是激进派，还是社会主义者，或者是铁杆的保皇派，一切党派都得服从国家。但在盎格鲁－撒克逊民族看来，尤其在美国人看来，民主强调的是个人意志，这是超越一切的，国家要尽可能服从这一发展，除了政策、军队和外交关系外，它不能支配任何事情，甚至公共教育也不例外。

同样的一个词，在一个民族代表个人服从国家，在另一个民族却是指国家对个人的彻底服从。

幻觉

自从有人类文明以来，群体便处于幻觉的影响之下。最早的幻觉，来自人类对自然的敬畏，人们捏造出神灵，开始崇拜偶像，沉迷在幻觉里。他们为制造幻觉的人建庙塑像，设立祭坛。随着社会的进步，人们不再相信神灵，把注意力集中到人文科学的领域里，无数种世界观、人生观、价值观被诠释出来，哲学成了新生幻觉。

但无论是过去的宗教幻觉还是现在的哲学和社会幻觉，都至高无上，拥有着坚不可摧的力量，这可以在我们不断发展的任何文明中找到。巴格达和古埃及的神庙，以及中世纪的宗教建筑都是为它们而建；18 世纪以前震撼全欧洲的一场大动荡，是为它们而发动；我们的所有政治、艺术和社会学说，全都难逃它们的强大影响。人类以为以动乱为代价能够消除这些幻觉，却不知道在短暂的沉寂后，幻觉会死而复生。没有幻觉，人类不可能走出自己原始的野蛮状态；没有幻觉，人类很快就会重新回到野蛮状态。它们不过是些无用的幻影，但是这些我们幻想中的产物，却使各民族创造出了辉煌壮丽的艺术或伟大文明。

假如烧毁博物馆和图书馆，推倒雕像，把因宗教鼓舞而创作的艺术品统统撕毁，人类伟大的梦想还会留下些什么呢？人类必须怀抱着希望和幻想，否则就无法活下去。这就是诸神、英雄和诗人得以存在的原因。科学曾在19世纪初担起了这个任务，但在渴望理想的心灵里，科学是有所欠缺的，因为科学既不敢做出慷慨的承诺，也无法撒下弥天大谎。

18世纪的哲学家狂热地破坏着大众群体对宗教、政治和社会的幻想，完全不管我们的祖辈已在这些幻想中生活了几个世纪。他们毁灭了这些幻想，让大众的希望破灭。幻想被扼杀之后，他们从大自然中找到力量，大自然的力量对弱者没有悲悯之心。无论哲学取得了多大进步，它迄今仍没有给群众提供任何能够让他们着迷的理想，这恰恰与群众的本能不相符。无论付出多大的代价，大众都必须有自己的幻想，他们如扑火的飞蛾，本能地转向那些迎合他们需要的巧舌如簧者。

推动各民族进化的主要因素不是真理，而是谬误。社会主义之所以强大的原因,就在于它是仍然具有活力的唯一的幻想。尽管有许多证据证明它的荒谬，但它依然继续壮大。它的鼓吹者是那些非常无视现实，敢于向人类承诺幸福的人。这种社会主义幻想肆虐于过去的废墟之上，未来是属于它的。群众从来就没有渴望过真理,面对那些不合口味的证据,他们会拂袖而去,假如谬论对他们有诱惑力，他们更愿意崇拜谬论，凡是能向他们兜售幻觉的，都能轻易地成为他们的主人，凡是让他们幻想破灭的，都会成为他们的牺牲品。

经验

经验是真理的唯一能够在群众心中牢固生根的传播手段，也是让过于危险的幻想破灭的武器。为了检验真理，摧毁危险幻想，经验必须是积累了许多代并且可以随时被验证的。

一代人的经验对下一代人往往是没多少用处的。这就是一些被当作证据引用的历史事实达不到目的的原因。他们唯一的作用就是证明了，一种广泛的经验即使仅仅想成功地动摇，或是压制那些牢固根植于群众头脑中的错误观点，也需要一代又一代地反复出现。

毋庸置疑，未来的史学家会把19世纪或更早一段时期当作一个被奇特经验充斥的时代——以往哪个时代都没有做过这么多的尝试。

最宏伟的尝试莫过于法国大革命了。我们发现，不能遵照纯粹理性的指导，来重建一个新社会，为了证明这个问题，数百万人死于非命，欧洲陷入长达20年的剧烈动荡。凯撒以让拥戴他的民族损失惨重来证明，必须在50年中经历两次毁灭。以上例子，似乎不足以证明我的观点，我再说几个。法国人民为第一次试验付出的代价是几百万人的性命，国力衰微，敌国趁机入侵。第二次试验是法国人民拥戴拿破仑三世，结果以割让领土证明了建立国民卫队的必要性。第三次实验不久前差点儿发生，但在未来的某一天，总会发生。尽管试验结果证明我的论点明确无误，但仍然不那么令人信服。

19世纪中叶前，法国人民认为庞大的德国军队只是一支无害的国民卫队。要让他们明白这是个天大的谬误，就必须来上一次让法国损失惨重的战争。贸易保护会毁掉实行该制度的民族，但如果希望群众认识到这一点，至少需要 20 年的灾难性试验。这种例子显然不胜枚举。

理性

如果不是为了指出理性消极影响，根本不必把理性视作对群众心理产生影响的因素。

上文已经证明，群体不受推理影响，他们只能理解由形象拼凑起来的观念。那些知道如何影响他们的演说家，借助的不是他们的理性而是感情。逻辑定律对群体不起作用，对这种现象的观察可以追溯到巴黎被围困的时期。有一天，愤怒的群众把一名将军押到当时的政府驻地。他们怀疑将军把设防计划卖给了普鲁士人。一位演说能力出色的政府官员站了出来，斥责那些要求立刻处死这名将军的人。他没有指出指挥的失败，没说明这个将军本人是设防人之一。他仅仅说了一句：“正义铁面无私，让政府来决定你们的请求吧，在政府未下决定之前，我们会把他关在看守森严的监狱里。”人们的愤怒平息了。人群散后不过十几分钟，这名将军就回家了。倘若演讲者试图用逻辑定律或确凿的证据来面对盛怒的大众，恐怕如泥菩萨过河自身难保，更别谈解救“人民公敌”了。

如果想要让群众相信什么，就先得搞清楚让他们兴奋的感情，再假装自己也有这种感情，必要时还得用极端的行为表现对这些感情的狂热。再打一套低级组合拳，用一些非常富有暗示性的概念改变他们的看法。如捏造场景、追忆往昔、憧憬未来等，这样才能够引导大众回到最初提出的观点上来，慢慢揭开激起某种感情的目的。

不仅如此，演说者还得密切注意讲话的效果与大众的情绪变化，不断调整自己的措辞，让群体把感情倾向自己的需要。这也就使得演讲不可能完全按照稿子来讲。因为事先准备好的演讲，演讲者遵循的是自己的思路而不是听众的思路，如此一来，他的演讲就不可能对群体产生影响。

讲究逻辑的人，惯于相信一系列严密的论证步骤，因此在向群众讲话时，总希望以缜密的逻辑来引导听众，或是用严谨的推理来牵制听众，偏偏群体不吃逻辑思维这一套，这让他们百思不得其解。

一位逻辑学家写道：“建立在三段论（古希腊哲学家亚里士多德的著名逻辑学说）上的推理公式，得出的数学结论是唯一正确答案，不可更改，即使是无机物，只要它根据这一公式演算，其结果是必然的。”话说得不错，但群体并不比无机物更聪明，不可能指望他们遵守这种推理，他们甚至连理解推理的能力都没有。如同要尝试用推理来说服原始的头脑——如野蛮人或儿童的头脑，便知道推理多么没有价值。

不要说野蛮人或是儿童，即使是对付几百年前的那些宗教狂徒，理性也丝毫抵挡不过感情。让理性与感情对抗，如同拿鸡蛋砸石头一样。我们不必把智力降低到这么原始的水平来理解二者力量的悬殊。只要回顾一下历史便知，在几百年前，与最简单的逻辑都不相符的宗教迷信的生命多么顽强！在长达2000 年的时间里，最清醒的天才也不得不在宗教感情面前俯首称臣。只是到了现代，宗教的真实性才遇到了一些挑战。中世纪和文艺复兴时代也有不少开明之士，但没有一个人通过理性思考来认识自己的迷信中幼稚的一面，也没有一个人怀疑过烧死巫师的必要性。群体从来不受理性的指引，我们无须对此表示遗憾。

毋庸置疑，幻觉引发的激情、痴迷和狂热激励着人类走上文明之路。于文明进步来说，理性起到的作用反倒没有多大。幻觉是支配我们无意识力量的产物，于推进人类文明进步而言，这些幻觉无疑是必要的。

每个民族的精神成分中都携带着它命运的定律，它如同一种神秘的力量，似乎各民族都会服从于它，如同那种使橡果长成橡树或让彗星在自己轨道上运行的力量一样。每个种族的精神成分中都携带着它的命运定律，因受制于一股难以抑制的神奇力量，种族只能服从这些定律，即使这些定律极不合理。

如果要认识这种力量，就必须研究该民族的整个进化过程，而不是这一进化过程中偶然出现的一些孤立的事件。如果只考虑这些事件，那么历史仿佛就是一连串不可能的偶然性导致的结果。比如加利利，如果不是犹太民族的坚信，他也不可能由一个什么都不懂的木匠，变成一个影响人类2000多年之久的全能之神，使最重要的文明以他为基础。同样的，伊斯兰教的创立，假如不是阿拉伯民族那种无与伦比的虔诚，一小撮从沙漠里冒出来的阿拉伯人，也不可能征服古希腊古罗马的大部分疆域，建立一个比马其顿王国还大的国家。如果不是法兰西民族对民主与自由的狂热，以拿破仑一个区区的炮兵中尉，又如何能在等级森严的制度下，征服几乎全欧洲的民族与国王。

因此，还是让我们把理性留给哲人，不要过于让它插手人的统治吧。一切文明的主要动力并不是理性，尽管理性一直存在，但文明的动力仍然是各种感情——如尊严、自我牺牲、宗教信仰、爱国主义以及对荣誉的爱。

第三章　群体领袖及其说服的手法

提要：群体的领袖 / 所有成群的动物都本能地服从某个领袖 / 领袖的心理 / 只有他们能创造信念，并把群体组织起来 / 领袖的分类 / 意志的作用 / 领袖的行为方式 / 断言、重复和传染 / 不同因素的各自作用 / 传染如何从社会底层波及高层 / 个人的意见很快就会成为普遍的意见 / 声望的定义和分类 / 各种例子 / 声望是如何被破坏的

群体的领袖

了解了群体的精神结构，也就明白什么力量能对他们产生影响。接下来要讨论的是，这些力量如何发挥作用，是什么人有效地把这些力量转变成了实际的行为。

有群体的地方，就有领袖。不管组成群体的是人还是动物，也不管他们为什么聚在一起，只要他们组成了群体，就会产生一个头领，并且本能地让自己处在他的统治之下，这个头领就

是领袖。有的领袖只不过是个小头目或煽风点火的人，即便如此，他的作用也非常重要。

群体以领袖的意见为转移，可以说，他是核心，是形成组织的第一要素。他为群众组成派别铺平了道路，假如没有这个人，群体如同失去了领头羊，他们会变得六神无主、不知所措。他让精神力量在群体中产生影响，然后把它有效地转变成了实践的力量，尽管这种力量可能意味着破坏、杀戮，甚至是毁灭。

现在，就让我们展开新一轮的研究，看一看这个对群体至关重要的人，究竟是如何产生，又有着怎样的特征以及他是如何发挥作用的。

领袖最初也是被领导者中的一员，混杂在芸芸众生之间，没有什么特别之处。他本人也会被一些思想迷惑，成为这些思想的使徒。他对这些思想十分痴迷，除此之外，其他思想都无足重轻了。对他来说，一切与他观点相反的意见，不是谬论就是迷信，他堕入了极端狂热中。群体偏偏最喜欢接受极端的情绪，当他赢得了大多数人的拥戴时，也就顺理成章地获得了领袖的地位，正是热爱偏激的群体造就了他们的领袖。

法国大革命中的雅各宾派政府首脑罗伯斯庇尔在学习了一些哲学知识后，被卢梭的哲学观念迷得神魂颠倒，并用宗教裁判所的方式对它进行传播。他一心要把祖国打造成一个纯洁无瑕的乌托邦，狂热的使命感使他容忍不了任何与现实的妥协，以及任何道德上的污点。无论谁阻碍了他的崇高目标，除了死亡没有其他选择。

我们习惯把风光的领袖看成思想家，事实上，他更有可能是个实干家。他们并没有敏锐的头脑，不可能深谋远虑，他们也不可能有这些品质——这会让人优柔寡断犹疑不决。倒是那些神经病态的、兴奋的、半癫狂的人，即与疯子为邻的人中，尤其容易产生领袖。信仰令他们意志极其坚定，感情极其狂热——这无疑是最受大众欢迎的。群众服从意志坚强的人，他们很清楚如何迫使群体接受自己的看法。聚集成群的人会完全丧失自己的意志，本能地转向一个具备他们没有的品质的人。

不管领袖们坚持的观念或追求的目标多么荒诞，只要他们保持坚定的信念，就能使任何理性思维对他们都不起作用。轻藐和处决只会让他们更加兴奋。他们会毫不犹豫地牺牲自己的利益和家庭，甚至自己的生命。他们身上的自我保护本能消失得无影无踪，而他们孜孜追求的唯一回报，竟是以身殉职。聚集成群的人完全丧失了自我的意识，成为受本能支配的低能弱智机体，于是毫不迟疑地臣服于领袖——他有着大众没有的夸张品质。

每一个民族都不缺少领袖，但并非所有领袖都令人信服。在各群体的领袖之中，有相当一部分并不是狂信者，他们也没有被那种强烈信念激励。而有的领袖则巧言令色，一味追求私利，善于说服众人。我们可以把他们归到野心家的队伍中去。野心家利用他们的手腕，在群体中产生巨大的影响，但这只能奏效于一时，因为他们只是受野心和私欲的驱使。

凡是能够打动群众灵魂的人，无不有着狂热的信仰。十字军在众多领袖的领导下向圣地进军，在所有的宗教领导者之中，最显赫的是一个叫“隐士彼得”的人。他又老又矮、肤色黝黑，不吃面包也不吃肉，只吃鱼，并且赤脚行走，衣衫褴褛。这样一个外表卑微的人，用几句话就能激励别人。几年之前，他曾经试图到耶路撒冷朝圣，但受到了土耳其人的虐待。他回到欧洲之后，成了收复圣地的顽固分子，心急如焚地想要报仇。

带着德国农民焚烧教会法典的路德，在一次回家的路上遇到了猛烈的暴风雨，当时雷声轰鸣、闪电划空，而他则被雷电击倒了。这让他感到惊恐万分，苦苦哀求神灵饶命，并起誓愿意进入修道院来报答神的恩泽。从此，这个人把一生都献给了同教会的斗争。

1496 年，意大利信仰“上帝之城”的萨伏那洛拉多次煽动信徒闹事。教皇试图用一顶“红衣主教”的红帽子来平息萨伏那洛拉，这个人傲慢地回答说，他希望那是一顶“用血染红的”帽子。第二年，这位宗教狂徒煽动佛罗伦萨的民众革命，将美第奇家族颠覆，随后在德拉西尼奥列广场上，烧毁了他厌恶的东西，其中包括但丁、奥维德、薄伽丘、彼特拉克、西塞罗以及古希腊哲学家的作品，甚至大量珍贵的绘画、雕塑、乐器也没能幸免。在火焰熊熊燃烧之时，他带领群众高唱拉丁文圣歌，以表示对上帝的虔诚。

他们和法国大革命中的大人物一样，都先让自己被各种信条迷住之后，再让别人也陷入其中。只有这样才能在信众的灵魂里唤起一股坚不可摧的力量，这就是信仰。

在人类所能支配的一切力量中，信仰的力量最为惊人。一旦人有了信仰，他就强大了十倍。信仰，能让一个人完全受奴役，能让一个仁慈的人变得冷酷无情，能让最吝啬的守财奴倾家荡产，也能让温良的人干出杀人放火的残暴勾当来。

无论信仰是宗教的、政治的还是社会的，也无论这信仰的对象是一本书、一个人还是一种观念，要想让信仰建立并形成蛊惑人心的狂潮，就离不开人群中那位伟大领袖的作用。

历史上的重大事件，一直是那些籍籍无名的信徒引发的，除了自己认可的信仰外，他们什么也不知道。无论是传遍全球的伟大宗教，还是从一个半球扩张到另一半球的帝国，它们的成功，靠的不是学者或哲学家的帮助，更不是怀疑论者的帮助，而是信徒对信念的执着而狂热的感情。

1618年5月23日的布拉格，骚乱群众冲进了王宫，把几个皇家官吏从王宫的窗口扔了出去，正是这次“掷出窗外事件”，引发了一场长达30年的战争，让人民陷入水深火热之中。

在上述事件中，我们讨论的是那些为数甚少的伟大领袖人物，他们非常罕见。从领袖到最底层的工人，他们构成了一个连绵的山脉，其上是些领袖，其下则是一些出力的人。在烟雾缭绕的小酒馆里，底层的工人不停地向自己同伴灌输只言片语，慢慢地使其入迷。对于那些话的含义，他们自己也许不理解，但是根据他们的说法，只要将其付诸行动，一定能够实现。

无论在哪个社会领域，也无论身份高贵或低贱，只要一脱离孤独状态，立刻便处于某个领袖的影响之下。大多数人，尤其是百姓中的大多数人，除了自己的行业之外，对任何问题都没有清楚、合理的想法。领袖的作用就是为他们引路。当然，出版物也能起到这些作用，虽然往往效果不佳，它最大的用处就是制造有利于群众领袖的舆论，向他们提供现成的套话，使他们不必再为编造演说词操心。

大众的领袖有着非常专制的权威，这种专制正是他们令大众服从的条件。我们在近年来的罢工运动中发现，领袖的权威不需要任何后盾，就能轻易使工人阶级中最暴戾的人俯首称臣。领袖规定工时和工资比例，决定是否罢工。至于罢工何时开始何时结束，全凭他们号令。

由于政府的软弱与妥协，使得自己越来越没有力量。一些领袖和煽动者正日益攫取政府的权益，用自己的权威和信条，逐步取代国家的威信与地位。这些暴政带来的结果是，群众在服从他们时，要比服从政府温顺得多。如果因为某种变故，领袖从舞台上消失，群众就会回到当初群龙无首、不堪一击的状态。

在一次巴黎公共马车雇员的罢工中，政府尝试了各种办法也没能平息骚乱，但当两个指挥罢工的领袖一被抓起来后，这场罢工便立刻结束了。领袖之所以会拥有如此的权威，是因为群体的奴性心态。群体想要的并不是自由，而是被奴役！不管谁是他们的主子，他们都会本能地表示臣服。

这些首领和煽动者大致可分两类，第一类领袖往往充满活力，这一类领袖通常一身蛮勇，在突发的暴动、带领群众冒死冲锋、让新兵一夜之间变成英雄这些事情中，他们大显风采。内伊元帅就是这类人，连拿破仑都由衷地钦佩他。在 1815 年的滑铁卢战役里，他奉命指挥左翼对抗威灵顿公爵率领的英军，当时他的手下只有五万名毫无经验的新兵。这位元帅鼓舞新兵，让士兵们奋勇作战，最后夺得了胜利。

加里波第也属于这种人物，他虽一无所长，却是个精力充沛的冒险家。在意大利的统一战争中，他带领一小撮由渔夫、水手、矿工、木匠组成的队伍，就拿下了古老的那不勒斯王国，尽管那不勒斯王国拥有一支纪律严明、装备精良的军队。

尽管这类领袖的活力是一种应予重视的力量，但他们的热情却不能持久，很难延续到使他发挥作用的兴奋事件之后。这些英雄回到日常生活中时，却会暴露出最惊人的性格弱点。虽然他们能够领导别人，却不能在最简单的环境下思考和支配自己的行为。

这样的领袖，在某些条件下也受别人的刺激和引导。除非有某个人或观念在指引着他们，有明确划定的行动路线可供他们遵循，否则他们就不能发挥自己的作用。

和第一类领袖相比，第二类领袖的意志力更持久。尽管不那么光彩夺目，但他们的影响力却要大得多。这些人当中，常常可以找到各种宗教和伟业的真正奠基人，比如圣保罗、哥伦布和雷赛布等。第二类领袖所具备的持久意志力是极为罕见、极为强大的，它足以征服一切。强大而持久的意志究竟能够成就什么？虽然他们并不总是能够得到足够的重视，却也没有任何事情能阻挡他们的步伐，无论自然、上帝还是人。关于强大而持久的意志能够造成什么结果，雷赛布为我们提供了一个最新的例子。

1854年，雷赛布从埃及人手中取得了开凿苏伊士运河的权利，在10年的时间里，他将这条运河凿通，成为第一个把大陆分成两半的人。他的功绩，在过去3000年的时间里，即使是那些最伟大的统治者也没能做到。虽然，他后来败在巴拿马运河的开凿上，但那是因为他年事已高的缘故。包括意志在内的一切事物，都会屈服于衰老。

雷赛布战胜了一切阻力，把不可能变成了可能，而他在遭遇反对、逆境和失败时，都没有灰心丧气。

英国人打击他，法国人与埃及人则犹豫不决。在工程初期，法国领事馆带头反对他，他们用拒绝供应饮水的方法，使他的工人因口渴而逃跑。而包括海军部长和工程师在内，一切富有经验、受过科学训练并且有责任心的人，全都反对他。

这些人全都站在科学立场上，断定灾难就在眼前，预言它正在逼近，并且计算出具体时间，如同预测日食一样言之凿凿。真正的领袖，不是只靠信仰与技巧就足够的，这也正是人类历史上野心家与宗教狂居多，伟大的领袖却寥寥无几的原因。

涉及所有这些伟大领袖生平的书，不会太多，但他们的名字却会同文明史上最重大的事件永久地联系在一起。他们或是聪明，或是心胸狭隘，这都无关紧要——世界是属于他们的。他们具备的持久的意志力是一种极为罕见的强大品质，它足以征服一切。没有任何事情能阻挡住它，无论自然、上帝还是人。

领袖的动员手段：断言、重复和传染

榜样的力量是无穷的。

若想在短时间里激发出群体的热情，唆使他们不计后果地采取行动，譬如抢劫宫殿、守卫要塞等，就必须让群体对暗示做出迅速反应。

每个领袖都有自己独特的动员手段，当这些领袖打算用观念和信念来影响群体时，例如利用现代的各种社会学说。有三种动员手段最为重要，也十分明确，即断言法、重复法和传染法。

这些手段的作用或许不如榜样的力量快，然而一旦生效，却有持久的效果。

断言简洁有力,不理睬任何推理和证据。断言越是简单明了,证据和证明越贫乏，它就越有威力。话说得越是坚决、狂妄，那些狂热的人就越是崇拜他。所有的宗教书和法典,总是以简单、断定的方式来写作。无论是号召人们起来捍卫某项政治事业的政客,还是利用广告手段推销产品的商人,全都深知断言的价值。

16 世纪，瑞士的帕拉齐斯被人尊称为“炼金术士的顶峰”。他写了很多研究炼金术的文字，言之凿凿地声称自己掌握了炼金术的秘密。这样的大话不但没有影响他的声誉，反而引起了全欧洲的关注。

帕拉齐斯原本是位著名的医生，33 岁那年，他成为巴塞尔大学物理学和自然哲学的教授，算得上年少有为。学生们喜欢听他的课，他傲慢了起来，不把别人放在眼里。他当众烧毁了许多前辈的著作，还口出狂言，说这些著作还不如他后脚跟蕴含的知识丰富。这种疯狂的举动使崇拜者们愈加狂热，帕拉齐斯的名望如日中天。我说过，群体很容易陷入偏激的情绪之中，而言之凿凿、不容置疑的断言，往往是最极端的说法，它很容易影响群体。群体陷入狂热状态时，无论说什么，他们都会相信。但如果没有不断地重复断言——并且要尽可能措辞不变——仍难以产生深远的影响。拿破仑曾经说过，极为重要的修辞法只有一个，那就是重复。得到断言的事情，是通过不断重复才会在头脑中生根，使人把它当作得到证实的真理接受下来。

假如我们成百上千次地读到，某某牌巧克力的味道是最好的，我们很快就会以为自己听到四面八方都这样说，而最终我们就会确信事实如此。如果我们总是在报纸上读到约翰是个臭名昭著的流氓，而汤姆是一位最诚实的老实人，那么我们会相信事实就是如此。除非我们再去反复地读一份观点相反的报纸。

重复对人们头脑发挥非常强大的力量，包括那些非常聪明的人。重复对于群体的作用力也十分强大，这种力量来自这样一个事实——不断重复会进入我们无意识自我的深层区域，我们的行为动机在这里形成。谎言重复千遍就成了真理，当某个观念重复到一定程度的时候，我们会忘记谁是该主张的作者，只对它深信不疑。

断言和重复都具备足够强大的力量，如果这两种方法非要分出胜负，其结果恐怕胜负难分。除了这两类手段，传染也拥有更强大的力量。如果一句断言得到了有效的重复，且群体对被重复的内容没有任何异议的话，此时就会形成所谓的主流意见，强大的传染过程于此启动。

一些著名的富豪，会收买所有参与者以主导舆论。例如，雷赛布先生在获得了苏伊士运河的开凿权之后，他遭遇了多方力量的掣肘，即使在苏伊士运河公司内部也一样。据知情人透露，雷赛布先生运用了一些不方便在报纸上刊登的手法，成功地解决了这个问题——他收买了所有反对者，这些人热烈地响应雷赛布先生的主张。气氛迅速地传播开来，很快便形成了拥戴雷赛布先生的环境，雷赛布先生从此在重大决策上基本再也没有遇到阻力。

各种观念、感情、情绪和信念，对于群体来说，其传染力都和病菌一样强大。这是一种自然现象，甚至在动物中也可以看到这种现象。马厩里，如果有匹马踢它的饲养员，那么其他的马也会群起而效之，哪怕是最温顺的那匹也不例外。当有几只羊对环境感到惊恐时，很快也会蔓延到整个羊群。在精神病医生群体中，经常有人会精神分裂，这已是广为人知的事情。有人认为，某些病也能由人传染给动物，例如广场焦虑症等。

这种特征覆盖了生物界，人也不例外。在聚集成群的人中，所有情绪都会迅速传染，这正是恐慌会在一瞬间爆发的原因。

有一句古老的预言：魔鬼将在 1630 年毒死所有米兰人。这年 4 月的一个清晨，在米兰城中心，所有门上都画着奇怪的画或符号，那看上去就像用烂疮流出的脓血涂上的一样。全城人为此奔走相告，警钟迅速敲响。大家齐心合力寻找元凶，然而却一无所获。就在这个时候，瘟疫开始爆发，它是如此令人害怕，以至于人们彼此之间充满了不信任与恐慌。人们怀疑井里的水不能喝，担心田里的庄稼和树上的果子也被魔鬼涂了毒，觉得墙壁、门把手、马车也很不可靠。

有位年过八旬的老人经常在圣安东尼奥教堂祈祷，当他刚刚想用衣角擦坐凳，马上有人说他在涂毒。教堂里的一群女人立刻疯了般地揪着老人的头发，把他拖向市政府，如果不是他在半路就断了气，肯定会被严刑拷打，并且还可能被迫供出一个莫须有的同伙来。

有一位叫毛拉的药剂师也被控告勾结魔鬼。人们包围了他的房子，发现了许多化学药品。药剂师声称这些药品是用来染发的，但是别的医生却说它们是毒药。毛拉受到酷刑拷打，他用很长的时间来为自己辩解，但最终还是屈服了。他承认自己串通魔鬼，承认用毒药抹门，在泉水中投毒。

传染易发生于人群聚集的地方，但大家聚集在一起并非是被传染的不可或缺的条件。某些特殊事件，能让所有人的头脑产生同样独特的感情倾向,并迅速表现出该群体特有的性格来。在这些事件的影响下，即使距离遥远，人们也能感受到传染的力量。当人们在心理上已经有所准备，受到了我前面研究过的一些间接因素的影响时，情况尤其如此。这方面的一个事例是1848年的革命运动，它在巴黎爆发后，便迅速传遍大半个欧洲，使一些王权摇摇欲坠。

1848年，巴黎爆发革命运动，仅仅在几个星期之内就传遍了大半个欧洲，动摇了许多皇室与政府。很多影响要归因于模仿，其实这不过是传染造成的一个小小结果而已。我在另一本著作中已经说明过传染的影响，因此，我在这里引用一段：

人和动物一样，有模仿的本能。这是必然的，因为模仿总是比创造容易。正是这种模仿，使得所谓时尚的力量如此强大。无论是意见、观念、文学作品还是服装，有多少人有足够的勇气与时尚作对？支配大众的是榜样，不是论证。

每个时期都有少数特立独行的人与主流社会作对，他们那标新立异的做法很能吸引目光，群体总是无意识地模仿他们，这是建立榜样的一种方式。但无论这些人多么有个性，都不能逾越传统，至少不能大张旗鼓地反对主流社会价值观。如果他们这么做，会使模仿变得困难起来，也就谈不上什么影响了。

过于超前于自己时代的人，一般不会对群体产生影响。两者界限分明，无法过渡。因此，欧洲文明尽管优点多多，但他们对东方民族的影响甚微。两者之间有太多的不同了，理解尚不可能，何来接纳，无接纳，又如何被传染影响？

历史与模仿的双重作用。从长远看，会使同一个国家、同一个时代的人十分相似，包括那些貌似不受这些双重影响的个人，如哲学家、博学之士和文人等，他们的思想和风格也有着一种相似的特征，我们能轻易地从这些特征辨认出他们所在的时代。甚至不用和某个人长时间交谈，我们就能全面了解他喜欢读什么书，有什么消遣的习惯，生活环境如何等。

传染不但能迫使个人接受某些意见，而且能迫使其接受一些感情模式。以瓦格纳的歌剧《唐豪塞》为例，它在 1845 年上演时受蔑视，观众寥寥无几。但过了几年，《唐豪塞》却大出风头，那些之前尖刻批评它的人，此时对它大加赞赏。传染的威力如此大，谁掌握了传染的技巧，谁就主导了舆论，谁就成为控制群体无意识的主人。

意见和信念的普及，最受传染的影响，群体绝不会接受推理或论证。目前流行于工人阶级中的学说，是他们在公共场所学到的，这是断言、重复和传染的成果。每个时代创立的群众信仰的方式都如出一辙。19 世纪的法国思想家勒南就曾准确地把基督教最早的创立者比作“从一个公共场合到另一个公共场合传播观念的社会主义工人”。伏尔泰在谈到基督教时也注意到，“在 100 多年里，接受它的只有一些最恶劣的败类”。

与前面提到的情况相似，传染在作用于广大民众之后，也会向社会上层扩散。今天的社会主义信条就出现了这种现象，该信条正在被它的首批牺牲者接受，向社会高层扩散。传染的威力如此巨大，在它的作用下，甚至个人意识也会消失得无影无踪。由此解释了一个事实：得到民众接受的每一种观念，最终总是会以其强大的力量在社会的最上层扎根，不管获胜理由多么荒谬。

社会下层对社会上层的这种反作用是个更为奇特的现象，因为群众的信念多数起源于一种更高深的观念，该观念在自己的诞生地往往没有什么影响。当个别领袖或演说家被这些观念征服以后化为己用，进行歪曲改装，组织起再次曲解这些观点的群体,然后在群体里加以传播。观念经过篡改后变得简单明了、通俗易懂,得到低智能群体的相互传播,它就变成了大众的真理。然后，以新面目回到自己的发源地，再对民族的上层产生影响。从长远看，是智力在塑造世界的命运，但这种作用十分间接。当哲学家的思想通过这个过程取得最终的胜利时，他们早驾鹤西去多年。

声望

群体希望影响他们的人应具备某种夸张的品质，所以利用断言、重复和传染进行夸张相信某种美好结果。只要适应环境需要，通常能获得巨大的威力，这时，就会产生一种神奇的统治力量，这种力量就是所谓的声望。不管什么样的统治力量，也无论观念或人，其权力得到加强，依靠的也是这一种难以抗拒的力量，即“声望”。

每个人都对这个词的含义有着似是而非的理解，但却没有人能准确地说出它的含义。声望涉及的感情，既可能是赞赏，也可能是畏惧。在一些时候，感情是成就声望的基础，但没有感情，声望也能独立存在。最大的声望，通常属于死者，即那些对我们不再构成威胁的人，例如亚历山大、凯撒、穆罕默德和释迦牟尼等。此外，还有一些我们并不喜欢的虚构声望——印度地下神庙中那些可怕的神灵以及地狱里的魔鬼等，它们越有声望，我们越害怕。

在现实中，声望是某个人、某本著作或某种观念对我们的支配力。这种支配能完全麻痹我们的判断能力，我们常常因惊讶于它的神奇而心生敬畏。这与魅力人物引起的幻觉没有什么不同。它令我们痴迷，令我们甘心臣服，从而情愿将自己奉献给这种声望的拥有者。声望有如此神奇的作用，使得几千年来，出现了无数沽名钓誉之徒。声望足以让人拥有操控民众的权力，也是其他权力的主因，不管神、国王还是美女，缺了它一概没戏。

1815 年 2 月 26 日傍晚，拿破仑带着三名将军和 1000 名士兵，乘着七条船趁夜色逃离厄尔巴岛，拿破仑充满自信地向部下们宣称，他可以不放一枪就到达巴黎。三天后，拿破仑在法国南部的儒安港登陆，一个兵团阻挡了他的去路。当将军们提醒拿破仑有危险时，拿破仑再一次为部下做出了榜样，他迎着枪口走了上去，向那些阻拦他的人大声宣布，他是他们的皇帝。那些士兵不仅没有向拿破仑开枪，反而脱帽向这位昔日的皇帝致敬。效忠于波旁王室的将军发出进攻的命令时，整个营区的士兵却调转枪口，加入拿破仑的队伍中。

通往巴黎的路上，拿破仑所向披靡，法国民众欣喜若狂，军队重新投入拿破仑的麾下，一路护送他重登皇位。只花了19天的时间，拿破仑赤手空拳地完成了一场神话般的变革。

他之所以能够东山再起，与法国民众的情绪具有莫大的关系。在波旁王朝复辟之后，法国领土上四处皆是外国军队。此时，这种刺激激起了法国民众的民族情感，特别是那些曾经追随拿破仑东征西讨的军人，往日的辉煌与破败的当下对比，很容易使他们想入非非，于是，看见拿破仑就陷入莫名的狂热之中。

我们不该忽略拿破仑的特殊身份，民众的确有一定的狂热情绪，但是除了拿破仑，恐怕没有人可以让他们再陷入想象。一个恰当的领袖在恰当的时候做出了恰当的举动。

领袖可以利用他的声望（这在下文还会提到），但当领袖们打算用观念和信念——例如利用现代的各种社会学说来影响群体的头脑时，就需要借鉴其他的手段了。

声望大致可分为两类：一是获得的声望，二是个人声望。获得的声望来自称号、财富和名誉，和个人关系不大。也就是说，无论谁是国王的儿子，也无论这个国王有多少儿子，只要是国王的儿子，便足以威慑民众。相反，个人声望基本上为一个人特有的名誉、荣耀、财富等，它们既可与个人声望共存，也可加强个人声望，不过，没有这些附加因素，个人声望也可以独立存在。

获得的声望，或者叫人为的声望传播得更广。一个人占据着某种位置、拥有一定的财富或头衔，仅凭这些条件，他就享有了声望，不管他本人多么没有价值。人为声望的威力，应该和人类对仪式的膜拜有关。我们对仪式—— 一种秩序、法律或制度的特定形式与象征——会本能地心怀敬畏，一身戎装的军人、身着法袍的法官等，总会令人肃然起敬。法国思想家帕斯卡尔就十分尖锐地说过，法袍和假发是法官必不可少的行头。没了这些东西，他们的权威至少会丧失一半。这种获得声望让人看起来极有威信，即使是最桀骜不驯的社会主义者在面对着一位亲王或公爵时，也会自惭位卑，若这些人想剥削生意人，简直易如反掌。

无论在哪个国家，我们都能看到军装、勋章与头衔对民众的影响，包括个人独立意识较强的国家，如英国。一本游记里记载道：“在英国，哪怕是最理智的人，也会因自己和某个皇家贵族沾亲带故而自觉高人一等。看到那些位高权重的家伙，他们便兴奋不已。如果财产能让他们得到贵族身份，他们会毫不犹豫地倾家荡产，因为他们认为，只要有了这些身份，便能拥有人民的爱戴。只要能与达官贵人交往，这些人心甘情愿奉献自己的所有……他们的血液里流淌着对贵族的羡慕与敬重，如同西班牙人热爱舞蹈，德国人热爱音乐，法国人喜欢革命一样。他们对莎士比亚的热情不高，虽然这些东西也能带给他们满足，但其并非生活中不可或缺的一部分。凡是讲述贵族的书籍，销量都十分喜人，任何书店都有它们的一席之地，其数量之多，堪比人手一册的《圣经》。”

上文说的先天声望是通过人来体现的，在这些声望之外，还有一些声望是通过各种意见、文学和艺术作品等体现的，这往往是长年累月重复的结果。历史，尤其是文学和艺术的历史，不过是不断地重复一些判断而已。没有人想证实这些判断的正误，因为每个人都只会重复他从学校里学到的东西，直到出现一些没人敢评论的新称号或奇特的事物，他们才会稍微怀疑一下。

对一个现代读者来说，读《荷马史诗》实在是一件兴味索然的事，但谁敢说自己不喜欢这部史诗呢，它的声望摆在那里，即使不喜欢，也得承认它的伟大。17世纪，雅典卫城的帕特农神庙被战火烧毁，只剩下满目疮痍的断垣残壁，但是它的巨大声望却使人不敢有丝毫不敬。

声望会阻止我们看到事物的本来面目，让我们彻底失去判断力。大众和个人一样，需要对一切事物有简单明了的现成意见，尽管这些意见的普及度与其对错毫不相干，它只是声望的产物。

现在我们来谈谈个人声望。与人为的或获得的声望完全不同，这是一种与一切头衔和权力无关的声望，且只为极少数人拥有。当某个人拥有这种声望时，他就可以对自己周围的人施以一种神奇的幻术，即使这些人和他有着平等的社会地位。

这种声望接近个人魅力，尽管他们没有任何权力，也没有统治他人的手段，却能强迫周围的人接受他们的思想与感情，让众人服从于他，如同动物服从驯兽师一般。伟大的民众领袖如释迦牟尼、耶稣、穆罕默德、圣女贞德和拿破仑等，都享有这种极高的声望。他们所取得的地位也同这种声望有关。各路神仙、各种英雄豪杰和各种教义，能够在这个世界上大行其道，都是因为各有其深入人心的力量。当然，只要一对他（它）们探讨，他（它）们便烟消云散。

这些伟大人物早在成名之前，就拥有一种神奇的力量，假如没有这种力量，他们不可能成为名人。譬如说，达到荣耀顶峰时的拿破仑，仅仅因为他的权力这一事实，就享有巨大的声望。但是，在他没有这种权力，仍然籍籍无名时，他就已经部分地具备了这种声望。

他刚刚成为准将之时，还是个名不见经传的小人物。由于有靠山，他被派去指挥意大利的军队，他到任时发现，自己面对的是一群愤怒的将军，这些人无法接受一个二十几岁的青年凌驾于他们之上。于是大家决定给这个总督派来的年轻外来户一个下马威。

在所有的将军里，一位名叫奥热罗的将军最不服气，此人是法国政治家巴拉斯的宠臣。巴拉斯是法国大革命时期的风云人物，他曾在土伦屠杀过保王党人，因参加1794年的热月政变成了将军，在督政府担任督政。巴拉斯在政务上乏善可陈，唯一著名的功绩是发现和举荐了拿破仑。奥热罗只不过是野蛮的武夫，他身材高大，性格彪悍，但其貌不扬。他在学校时成绩平平，常在街头打架斗殴，即使这样，也依然做着当数学家的美梦。

奥热罗对这个空降的“暴发户”一肚子怒气，但凡有人说拿破仑是个如何强势的人，他不是嗤之以鼻，就是不予理睬。一天，奥热罗将军等人来到军营拜见拿破仑，拿破仑却让他们等在外边，这让奥热罗大为恼火，他怒气冲冲地拿着佩剑冲到拿破仑面前。拿破仑面不改色地颁布了他准备采取的措施，然后命令他们离开。

拿破仑没有借助于任何语言、姿态或威胁，但奥热罗就已经被征服了。他一直沉默不语。直到出门后才重新镇静，才能像平常那样骂骂咧咧地说话。这个小个子魔鬼将军让他感到敬畏，他甚至无法理解那种一下就把他压倒的气势从何而来。

拿破仑的权力达到巅峰之后，他的名望也随着他的荣耀一起增长，至少在他的追随者眼里，他和神灵已不相上下。即使是那些最粗鲁的莽夫，也愿意臣服于他的脚下。他手下的旺达姆将军是一个粗汉——大革命时代的典型军人，比奥热罗更粗野。1815 年，与阿纳诺元帅一起登上杜伊勒里宫时，他和元帅谈到了拿破仑："那个魔鬼般的人物对我施了幻术，我自己也搞不懂为何如此惧怕他，一看到他，我就颤抖，甘愿为他赴汤蹈火。"

不仅这两位将军如此，拿破仑对和他接触过的所有人，都能产生这种神奇的影响，科本茨尔伯爵就是如此。当拿破仑生气地把一个价值昂贵的花瓶摔碎在他面前时，这位奥地利外交大臣被吓得浑身打哆嗦。拿破仑的名将达武与国务秘书兼外交大臣的马雷谈话，达武谈到对拿破仑的忠诚时说："如果皇帝秘密对我们说，'毁灭巴黎，不让一个人活着或逃出去，这对我的政治利益至关重要'。我相信马雷你是会保密的，但你还不至于愚忠到让自己的家人死在这里。而我会因为担心引起拿破仑的怀疑，我会把我的妻儿都留在城里。"

拿破仑知道，如果他把身边的人看得还不如马夫，他的声望就会更上一层楼。而这些人中，甚至包括一些令全欧洲心惊胆战的显赫人物。当时的许多闲谈都可以证明这一说法。

一次国务会议上，拿破仑粗暴地羞辱他的财政大臣伯格诺，如同对待一个奴仆般无礼。他走到这人面前说：“喂，笨蛋，你找到脑子了吗？”伯格诺虽是一个比仪仗官还要高大的人，却卑微地躬着腰。小个子拿破仑揪住大个子伯格诺的耳朵，出人意料的是，伯格诺却认为这是宠信的表示，是主人发怒时常见的亲昵举动。

只有我们了解这种命令的神奇力量，才能理解为何拿破仑几乎孤身一人从厄尔巴岛返回法国，却还能闪电般地征服这个曾经厌恶他的暴政的大国。那位曾经在波旁王室面前夸下海口，发誓要将拿破仑这个“破坏和平者”装进笼子带回巴黎的内伊元帅，只看了拿破仑一眼就已经屈服了。

英国将军沃斯里写道：“拿破仑不过是一个来自意大利厄尔巴岛的逃犯，他孤身一人流亡到法国，几周之内便把法国权力组织统统推翻了。要证明一个人的权势，还有比这更有力的方式吗？在他最后一场战役里，由始至终，他的气势都对同盟国施加着令人胆寒的压力，多次击退反法同盟联军。这些人被拿破仑牵着鼻子走，即使第五次反法同盟会战失利，拿破仑仍旧凭着他那钢铁般的意志转败为胜。”

拿破仑的声望远远长于他的寿命，而且有增无减。他那籍籍无名的侄子，因他的声望变成了皇帝。直至今日，他的传奇故事仍然不绝于耳，足见他的声望对人们的影响多么强烈。这个独裁者随心所欲地迫害人，为了满足自己的征服欲连年征战，让数百万人死于非命。只要是有足够的声望和将野心付诸实践的天才，人们都会趋之若鹜，并且百依百顺地听从他的命令。

不错，正是这些拥有特殊声望的伟大领导，才成就了人类文明的丰功伟业。那些伟大的宗教、伟大的学说和伟大的帝国皆来源于此。假如没有这种声望对大众的影响，发展就无从谈起。

但声望并非全都建立在个人权势、军功政绩或宗教等以敬畏为征服手段的基础之上，它亦可从平凡生活中建立，如无私奉献的美德、坚忍不拔的执着等。我们前文说过，群体喜欢有着夸张品质的英雄，其影响力也毫不逊色。我们生活的这个时代里，就有许多这样的例子，最能让后人不忘的，就数那个把大陆一分为二，改变地球面貌、交通网络和贸易关系的雷赛布先生。他之所以能完成自己的壮举，得益于他那超乎寻常的坚韧意志，得益于他优雅的个人魅力，以及他化敌为友的能力。他能让自己周围的人着迷。在他遭到无数人的反对时，他只让自己的表现说话。英国人尤其反对他的计划，但当他一出现在英国，就把所有选票都拉到了自己这边。晚年，雷赛布路过南安普敦时，向他致敬的教堂钟声持续不断。如今，一场运动在英国展开，有人准备为他树立一座塑像以纪念他的丰功伟绩。

征服了必须征服的一切障碍——人为障碍，以及自然障碍如沼泽、岩石、沙地等之后，雷赛布的个人声望如日中天，春风得意的他多少有些骄傲自满,不相信还有什么事情能挡住他。未曾经过周密的考察，便轻率决定在巴拿马挖一条运河。他按老办法着手这项工程,但他已上了年纪,精力和智慧都大不如前,他遇上了前所未有的自然障碍。以当时的条件，几乎不可能凿穿科迪勒拉山系的群山，纵然他有移山填海的信念，也无法在有生之年完成这项空前绝后的浩大工程。1881 年，工程因为缺乏资金而停工，这场突如其来的灾难，直接抹去了这位英雄身上耀眼的光环。雷赛布先生在运河公司破产之后，被法庭以侵吞公款罪监禁了 5 年。

雷赛布先生的一生，既说明了声望会如何出现，也说明了它会如何消失。在成就了足以同历史上最伟大的英雄媲美的功绩之后，却被自己祖国的官僚打入监狱，沦为罪犯。雷赛布去世时，没有一个人留意这个曾经威名赫赫的伟人，灵柩经过的地方，民众完全无动于衷。只有外国政府待他如历史上的伟大人物那样满怀敬意，并为他立了塑像。上面提到的这些事仍然是极端的例子，若想细致地认识声望在心理学中的影响，只能把它们置于一系列极端的事例中讨论。这个系列的一端是宗教和帝国的创立者，另一端则是用一顶新帽子或一个新服饰向邻居炫耀的普通人。

在这一系列事例的两极之间，文明中的各种不同因素——科学、艺术、文学等——所导致的一切不同形式的声望，都有一席之地，并且可以看到，声望是说服大众的一个基本因素。

享有声望的人、观念或物品，会在暗示和传染的作用下，立刻被人们自觉或不自觉地接受，然后模仿，每一代人接受某些感情或表达思想的模式是相同的。进一步说，这种模仿通常是不自觉的，这解释了声望具有彻底的影响力。比如，临摹早期艺术中某些单调的模糊色彩或僵硬的姿态时，现代画家根本不知道他们的灵感来自何处。他们相信自己的真诚，但若没有一个人能复活这种艺术形式，人们只会看到这种艺术幼稚、低级的一面。那些模仿著名大师的艺术家，在画布上涂满了紫罗兰色，其实，他们在大自然看到的紫罗兰并不比以前更多，只是受大师级画家的个性和特殊印象的影响，即“暗示”，才画出了这种紫罗兰来。

声望的产生与若干因素有关，其中，成功永远是最重要的因素。只有成功了，才不会被人们质疑。一旦失败，声望也几乎会消失殆尽。

罗伯斯庇尔砍下别人的头颅时，有着巨大的声望。在失去几张选票后他失去了权力和声望，群众一边咒骂他的狠毒，一边把他送上了断头台，正如不久前罗伯斯庇尔对待自己的牺牲品一样。群体的极端再次得到证明，神灵不是得到信徒的顶礼膜拜，就是面临粉身碎骨的下场。

声望在说服群体的基本因素中享有无与伦比的地位。如何在获取它之后，有效地保持下去，不因一些外界因素影响而流失，在这方面有一个反面的例子。哥伦布在获得了西班牙王室的资助后，经过一番苦难重重的历程，最终找到了美洲。哥伦布声名鹊起，曾经给他冷板凳坐的王亲贵族热情地和他握手，对他毕恭毕敬，并打算任他为总督。哥伦布越是克制，这些人就越发失去原有的尊严，连国王的兄弟也邀请他参加私人晚宴。

但在他第三次西行之后，人们的态度却急转直下，哥伦布虽然发现了美洲，但却没有给当时的贵族带来大量的财富。1506 年的一个深夜，这位贫病交加的老水手，在自己的阁楼中抑郁地离开了人世。雷赛布先生的命运也是一样，当雷赛布成功地贯通了两个海洋时，国王和人民向他致敬；在他败给巴拿马运河的事业后，公众又把他看作是个毫无教养的骗子。

从上述人物故事中，我们看到了社会各阶级之间的战争，看到了资产阶级和雇主们的不满。他们借助刑法，报复那些出类拔萃的人。在面对人类天才高远的理想时，现代立法者心里充满窘迫，公众对这些理想也不甚理解。不难证明，比利时著

名探险家斯坦利是个疯子，雷赛布也是个骗子。在资产阶级憎恨大胆创举的地方，没有必要谈论什么不可动摇的正义的未来！

连雷赛布都被指控为骗子，我们就不必对哥伦布的可悲下场表示惊讶了。如果雷赛布是个骗子，那么一切高贵的幻想便是犯罪。古人会用荣耀的光环来纪念他，会让他饮下奥林匹克的甘露，因为他改变了地球的面貌，完成了使万物更加完美的任务。上诉法院的首席法官因为指控雷赛布而成了不朽的人物，因为各民族总是需要一些人，他们不惧贬低一位老人——他的一生为当代人增光，以此来贬低自己的时代。

但民族需要勇士，他们充满自信，不在乎个人的安危，克服了所有的障碍。天才不可能谨小慎微，一味谨小慎微，是绝对不可能扩大人类的活动范围的。所以，即使有如此多的前车之鉴证明一次失败可以毁灭一个人一生的努力，但仍然有无数不计个人得失的天才或英雄为了人类的进步而前仆后继。

缺少成功的声望，会在短时间里消失，成功是保持声望的关键。声望也会在争论中被磨蚀，只是所需时间更长。当声望成为问题时，便不再是声望。我们可以看到，能够长期保持声望的神与人，从来都不允许对他们有争议的。为了让百姓敬仰，必须与之保持距离。

无论是保持声望也好，博取声望也罢，都需要不断取得事业上的成功来作为支持。而在这个过程中，务必要用种种手段来维护声望。假如有人对此表示反对，则需要强势的舆论主导，甚至不惜用残酷的手段镇压，把它扼杀在摇篮中。

第四章　群体的信念和意见的变化范围

提要：牢固的信念 / 某些普遍信念恒久不变 / 信念引导某种文明 / 普遍信念的荒谬并不能影响它的传播 / 群体多变的意见 / 非普遍信仰的主张极其多变 / 某些主张和信念在不到 100 年的时间里变化明显 / 变化的局限 / 受到变化影响的因素 / 现阶段普遍信念的消失和报业的迅速发展让主张越来越多变 / 群体为什么在大部分问题上都显得漠不关心 / 政府和以前一样无法左右群体的主张

牢固的信念

生物的解剖学特征和心理特征有很多相似之处。我们对不同时代的某种生物进化解剖研究，会看到一些不易改变或只有轻微改变的因素，它们的改变得用地质年代来计算。除了这些稳定的、不可摧毁的特征之外，也会看到一些极易变化的特征，例如畜牧可以增加某些动物的产肉量，园艺技术可以改变植物的开花方式或果实产量等，这些都是容易改变的特征，它们甚至能改变得让观察者看不到原有的基本特征。

在道德特征方面，我们也可以看到同样的现象。一个种族，除了有不可变的心理特征外，也有一些可变的特征。因此，在研究一个民族的信仰和意见时，在一个牢固的基础结构之上，有无数嫁接在上面的意见，其变化之多比得上流沙中的一粒沙。

群体的意见和信念可以分成两类：一类是强烈而持久的信仰，它们能保持千百年不变，该民族文明也许就是以它为基础。例如过去的封建主义、基督教思想和宗教改革思想，当代的民主主义、社会主义等。第二类是一些短暂、易变的意见，它们通常是每个时代一些普及学说的产物，随着时代而自生自灭，影响文学艺术的各种理论就是这类意见。它们不过是一池深水表面不断出现和消失的涟漪，如那些产生浪漫主义、自然主义或神秘主义的理论。这些意见都是表象的，如同时尚一样多变。

伟大且普及度较高的信仰数量十分有限，它们的兴衰是每一种文明种族历史上令人瞩目的重大事件，是构成文明的真正基础。用一时的意见影响大众的头脑不难，想让一种信仰在其中长久扎根却极为不易。一旦这种信念得到确立，要想根除它也同样困难，只有暴力革命才能对它们进行革新。即使这种信念对人们已完全失去控制力，也得借助于革命来斩草除根。革命的使命是清理几乎已经被人们抛弃的东西，因为惯性存在，阻碍着人们完全放弃它们。一场革命的开始，就是一种信念的终结。

关于某种信念开始衰亡的确切时刻，我们很容易就辨认出来。在它的价值开始被质疑时，它的影响力便走向衰退。一切普及的信念不过是一种虚构，它唯一的生存条件就是它经不起审察。

不过，即使一种信念已经摇摇欲坠，根据它建立起来的制度仍有相当强大的力量，这使该信念消失得十分缓慢。当信念的余威尽失时，建于其上的一切也会被社会摒弃。迄今为止，没有哪个民族能够在不更新全部文明因素的情况下转变自己的信仰。这个民族会在转变过程中，慢慢接触新的普及观念，直到完全接受这种新信念为止。在此之前，该民族的群体会处在一种无政府状态中。普及性的信念是文明不可缺少的柱石，它们决定着每个民族的思想倾向。只有它们能够激发信仰，形成责任意识，并入主群体大脑。

每个民族都很清楚获得普及性信念的好处，他们本能地知道，这种信念的消失是民族衰败的信号。罗马人能够征服世界，因为他们一致对罗马的狂热崇拜；当这种信念寿终正寝时，罗马文明也走向没落。至于那些毁灭了罗马文明的野蛮人，只有当他们接受了某种共同信念后团结一致，才会成为有组织有纪律的群体，才能摆脱无政府状态。

各民族在捍卫自己意见时，态度非常之不宽容。显然，事出有因。这种对哲学批判表现出来的不宽容态度，代表着一个民族生命中最必要的品质。在中世纪，正是为了寻求或坚持普及性信仰，才有那么多创新者被送上火刑柱，即使他们免于殉道，也难免死于绝望。也正是为了捍卫这些信念，世界上才经常上演一幕幕最可怕的悲剧，才有成千上万的人战死沙场。

建立普及性信念的道路可谓困难重重，不过，一旦它站稳了脚跟，便长期地具有不可征服的力量，无论它看起来多么荒谬，都会进入最清醒的头脑。古代地中海东部地区的腓尼基人信奉火神摩洛克，而祭拜火神得用儿童当祭品。如此野蛮的宗教神话，在超过1500年的时间里，欧洲各民族竟然一直认为它是不容置疑的。当然，仅是从哲学上看来，它是野蛮的。但就这个如此野蛮的信仰，却创造出了一种全新的文明，使人类窥见了大量迷人的梦境和希望，是的，群体只需要梦境和希望，他们并不想知道别的事情。

圣父耶和华竟然因为自己创造出来的人不听话，便进行自我报复，让其儿子耶稣承受可怕的酷刑。在长达1000多年的时间里，居然一直没人发现这个神话荒谬至极，包括伟大的天才，如意大利天文学家伽利略、英国物理学家牛顿、德国哲学家莱布尼兹等，他们都没有怀疑这种神话。普及性信仰有催眠作用，没有任何事情比这更典型了，也没有任何事情能更确切地表明，我们的理性和智慧有着令人扼腕的局限性。

一旦新的教条在群体的头脑中扎根，就会成为鼓舞人心的源泉，它由此会发展出各种制度、艺术和生活方式。在这种环境之下，它对人们实行绝对的控制。实干家一心要让这种信仰变成现实，立法者一心想把它付诸行动，哲学家、艺术家和文人全都醉心于如何以各种不同的方式表现它，除此之外再无他想。

从基本信念中可以衍生出一些短暂的观念，但它们都带着那些信念赋予的印记。无论是埃及文明、中世纪的欧洲文明，还是阿拉伯地区的穆斯林文明，都是寥寥几种宗教信仰的产物。这些文明中，即使是最微不足道的事物，也都留下了让人一眼就能辨认出来的印记。

因此，幸亏有这些普及性信念，每个时代的人都在一个由相似的传统、意见和习惯组成的基本环境中成长，他们不能摆脱这些东西的桎梏。人的行为首先受他们的信念支配，也受由这些信念形成的习惯支配。这些信念调整着我们生活中的任何行动，最具独立精神的人也摆脱不了它们的影响。它们是最专制的，在不知不觉中支配着人们的头脑，你无法反对它们。不错，古罗马皇帝提比略、中国元朝皇帝成吉思汗和法兰西皇帝拿破仑都是可怕的暴君，然而相比之下，躺在坟墓深处的摩西、释迦牟尼、耶稣和穆罕默德，却对人类实行着更深刻的专制统治。推翻一个暴君可以策划政变，但要反对牢固的信念，我们有什么可以利用的呢？在同罗马天主教的暴力对抗中，最终屈服的是法国大革命，尽管群体显然是站在它这一边，尽管它采用了像宗教裁判所一样无情的破坏手段。人类社会中真正的暴君，历来就是他们对死人的怀念或他们为自己编织出来的幻想。

从哲学上论证，普及性的信念往往十分荒谬，但这从来不会成为它们获胜的障碍。如果这些信念缺少了提供某种神奇的荒谬性这一条件，它们也不可能获胜。正如今天的社会主义信念，虽然有明显的破绽，这并没有阻止大众相信它。这种思考得出的唯一结论是，和所有宗教信仰相比，社会主义只能算是等而下之的信仰，前者提供的幸福理想只能实现于来世，因此也无法反驳它，而社会主义的幸福理想可以在现世得到落实，只要有人努力实现这种理想，它的承诺立刻就暴露无遗，从而使这种新信仰身败名裂。因此，它的力量的增长也只能到它获得胜利、开始实现自身的那天为止。由于这个原因，这种新宗教虽然像过去所有的宗教一样，也以产生破坏性影响为起点，但是将来它却不能发挥创造性的作用。

群体意见的多变

我们阐述了普及性信念的牢固力量，在此基础的表面，还会不断有产生和消亡的意见、观念和思想，它们的寿命都不长，一些意见朝生暮死，即使一些较重要的，也难以延续百年。这些意见的变化总是受某些种族意识的影响。例如，在评价法国政治制度时我们说明，各政党表面上看极为不同——保皇派、激进派、帝国主义、社会主义等，但它们都有着一个绝对一致的理想——建立一个集权制法国，这个理想完全是由法兰西民族的精神结构决定的，在另一些民族中，同样的名称，却有着完全相反的理想。无论是为了给那些意见起名称，还是为了欺骗大众，都不会改变事物的本质。法国大革命时代的人都深受拉丁文学的熏陶，他们的眼睛只盯着罗马共和国，搬用这个国家的法律、制度，但他们并没有变成罗马人，这是因为，他们处在一个有着强大历史背景的帝国的统治之下。

哲学家的任务，就是研究古代的表面变化背后，有什么东西支撑着它们，并在这些不断变化的意见中找出受普遍信念和种族特性决定的成分来。如果不做哲学上的检验，人们会以为大众经常随意改变他们的政治或宗教信念。一切历史，无论是政治的、宗教的、艺术的或文学的历史，似乎都证明事情就是如此。

让我们来看看法国历史上非常短暂的一个时期，即1790~1820年这30年的时间，这也正好是一代人的时间。我们看到，群体最初是拥护君主制，后来变成革命派，然后是保皇派，最后又变成君主制。在宗教问题上，他们从天主教倒向无神论，然后倒向自然神论，最后又回到了最坚定的天主教立场。不只是人民群众的观念反复无常，他们的统治者也同样摇摆不定。我们吃惊地发现，国民公会中的一些要人、既不信上帝也不信主子的人，竟然都臣服于拿破仑，成为他恭顺的奴仆。在路易十八的统治下，这些人又手持蜡烛虔诚地走在宗教队伍中间。

在以后的70多年里，大众的意见又发生了无数次变化。19世纪初，“背信弃义的英国佬”在拿破仑的继承者统治时期，成了法国的盟友。两次被法国侵略的俄国，曾经嘲笑法国倒退，如今也变成了法国的朋友。

在文学、艺术和哲学中，意见变化更为迅速。浪漫主义、自然主义和神秘主义等你方唱罢我登场，昨天还受着吹捧的艺术家和记者，明天就会被人痛加责骂。

但是，当我们深入分析所有这些表面的变化时，会发现什么呢？一切与民族的普遍信念和情感相悖的东西，都没有持久力，分流不久便又回到了主河道。与种族的任何普遍信念或情感全无关系，从而不可能具有稳定性的意见，只能听任机遇的摆布，或者——假如其说法还有可取之处——会根据周围的环境而发生变化。它们只能是在暗示和传染的作用下形成的一种暂时现象。它们匆匆成熟，又匆匆消失，就像海边的沙丘一样。

群体中易变的意见比以往任何时候都多，这有三个不同的原因。

第一，昔日的信仰正在日渐一日地失去影响力，因此它们也不再像过去那样，能够形成当时的短暂意见。普遍信仰的衰落，为一大堆既无历史也无未来的偶然意见提供了场所。

第二个原因是大众的势力在不断增长，这种势力越来越没有制衡的力量。我们已了解，群体观念的极其多变，这一特点得以无拘无束地表现出来。

第三个原因是报业的发展，它们不断地把完全对立的意见带到大众面前。每一种个别的意见所产生的暗示作用，很快就会受到对立意见的暗示作用的破坏。结果是任何意见都难以普及，它们全都成了过眼烟云。今天，一种意见还来不及被足够多的人接受，从而成为普遍意见，便已寿终正寝。

这些不同的原因造成一种世界史上的全新现象，它是这个时代最显著的特点。我这里是指政府在领导舆论上的无能。就在不久以前，政府的措施、少数记者和寥寥几家报纸，就控制了舆论。而今天，记者已经没有任何影响力，报纸则只传达意见。对于政客来说，莫说是引导各种意见，追赶意见还怕来不及。他们害怕意见，有时甚至恐惧它，这使得他们的行动路线极不稳定。

于是，群体的意见越来越倾向于变成政治的最高指导原则。它已经发展到了这种地步，竟然能够迫使国家之间结盟，例如最近的法俄同盟，就几乎完全是一场大众运动的产物。目前一种奇怪的病症是，人们看到教皇、国王和皇帝也在同意接受采访,仿佛他们也愿意把自己在某个问题上的看法交给大众评判。在政治事务上不可感情用事，过去这样说也许还算正确，但是当政治越来越受到多变的大众冲动的支配，而他们又不受理性的影响，只受情绪支配时，还能再这样吗？

至于过去引导意见的新闻报纸，就像政府一样，它在大众势力面前也变得屈尊偏就。当然，它仍然有相当大的影响，然而这不过是因为它只一味反映大众的意见及其变化。报业既然成了仅仅提供信息的部门，它便放弃了让人接受某种观念或学说的努力。它在公众思想的变化中随波逐流，出于竞争的必要，它也只能这样做，因为它害怕失去自己的读者。从前，那些严肃而有影响力的报纸，如《宪法报》《论坛报》或《世纪报》等，被上一代人当作智慧的传播者，如今它们不是已经消失，就是变成了典型的“现代报纸”，最有价值的新闻被夹在各种轻松话题、社会见闻和金融谎言之间。如今，没有哪家报纸富裕到能够让它的编辑传播自己的意见，因为对于那些只想得到消息，对经过深思熟虑后做出的断言一概表示怀疑的读者来说，这种意见的价值微乎其微。甚至评论家也不再能有把握地说一本书或一台戏获得了成功。他们可以恶语中伤，但不能提供服务。报纸十分清楚，在形成批评或个人意见上没有任何有用的东西，于是便取消了评论专栏，只限于提一下书名，再添上两三句“捧场的话”。20 年内，同样的命运也许会降临到戏剧评论的头上。

今天，密切关注各种意见，已经成为报社和政府的第一要务。它们需要在没有任何中间环节的情况下知道一个事件、一项法案或一次演说造成的效果。这可不是件轻松的任务，因为没有任何事情比大众的想法更为多变，今天，也没有任何事情，能够像大众对他们昨天还赞扬的事情今天便给予痛骂的做法更为常见。

不存在任何引导意见的力量，再加上普遍信仰的毁灭，其最终结果就是对一切秩序都存在着极端分歧，并且使大众对于一切和他们没有直接利益的事情，越来越不关心。像社会主义这种理念的问题，只在文盲阶层，如矿山和工厂里的工人中间，能够得势，而中产阶级的下层成员以及受过一些教育的工人，不是变成了彻底的怀疑论者，就是抱着极不稳定的意见。

过去 25 年里朝着这个方向演变的速度是惊人的。在之前的那个时期，虽然与我们相距不算太远，人们的意见还仍然大致存在着一般趋势，它们的产生是因为接受了一些基本的信仰。只根据某人是个君主制的拥护者这一事实，即可断定他持有某些明确的历史观和科学观；只根据某人是共和党，便可以说他有着完全相反的观点。

拥护君主制的人十分清楚，人不过是从猴子变过来的，而共和党同样十分清楚，人类的祖先就是猴子。拥护君主制的人有责任为王室说话，共和党则必须怀着对大革命的崇敬发言。凡是提到一些人名，如罗伯斯庇尔和马拉，语气中必须含有宗教式的虔诚；另一些人名，如凯撒、奥古斯都或拿破仑，在提到时必须予以猛烈的痛斥。甚至连索邦大学的人，也大多以这种幼稚方式理解历史。

从这个角度看，法国官方任命的历史教授写下的东西是非常让人不解的。它们证明法国的本科教育非常缺乏批判精神。《法国大革命》一书所言甚是：攻占巴士底狱不但是法国历史，也是整个人类历史上的一件登峰造极的事，它开创了世界史的新纪元。而罗伯斯庇尔的独裁更多的是建立在舆论、说服力和道德威信上，这是一种掌握在高尚者手里的权力。

当下，由于讨论和分析的缘故，一切意见都失去了名望，它们的特征很快陈旧、退化，持续的时间短得很难唤起我们的热情。现代人日益变得麻木不仁。

对于理念的衰退不必过于悲伤。无可争辩，这是一个民族生命衰败的征兆。当然，具备超凡眼光的人、使徒和领袖——那些真诚的、有强烈信念的人——与否定、批判的人或麻木不仁的人相比，能够发挥更大的影响。不过，我们切莫忘记，由于目前大众拥有庞大的势力，因此，如果有一种意见赢得了足够的声望，使自己能够得到普遍接受，那么它很快便会拥有强大的专制力量，使一切事情全都屈服于它，自由讨论的时代便会长久地消失。大众偶尔是个平心静气的主人，就像赫利奥加巴卢斯和提比略一样，但他们也是残暴而反复无常的。如果一种文明落到大众手中,那它便几乎没有多少机会再延续下去了。如果说还有什么事情能够推迟自身的毁灭的话，那就是极不稳定、极其多变的大众意见，以及他们对一切普遍信仰的麻木不仁。

第三卷

不同群体的分类及其特点

第一章　群体的分类

提要：群体的区别 / 群体的分类 / 异质性群体 / 异质性群体的区别 / 种族的影响 / 种族的灵魂越强大，群体的灵魂就越弱 / 种族的灵魂意味着文明，群体的灵魂意味着野蛮 / 同质性群体 / 同质性群体的区分 / 派别、阶层和阶级

异质性群体

构成方式

本书用了大量笔墨分析异质性群体的特点，我们先来看看该群体的构成。

这种群体的成员性格特点是不相同的，比如有的人利欲熏心，有的人好色如命，有的人慷慨豪爽，有的人吝惜小气。

他们从事着不同的职业，比如厨师、钟表匠、医生、记者、工程师等。他们的智力水平也参差不齐，有的人才华横溢，而

有的人愚昧无知。乡村莽夫与天才科学家都有权在同一时间欣赏金字塔。

总而言之，异质性群体鱼龙混杂，有着形形色色的社会成员，该群体是由不同性格、不同职业、不同智商的人构成的。异质性群体的集体心理与成员个体心理有着本质的差别，个体的智力也受这种差别的影响。前面我们已经论述过，个人智力在群体中不起作用，无意识情绪支配着每一个群体成员。

而其中一个基本因素，即种族因素，它能使不同的异质性群体在心理和行为上几乎完全不同。比如，一个由中国人组成的群体，和一个由英国人组成的群体肯定完全不同，黑人群体与白人群体表现出的群体特征更是明显。只要看一眼，我们就可以毫不费力地把一个东方人与一群西方人区别开来。

群体特点

除外貌特征外，各个种族间的最大差异是文化差异。正是这种文化差异形成了种族的性格特点，彼此之间习惯不同，思维方式不同，信仰不同……因此形成的种族性格，是人们行动最强大的决定因素。这种种族性格的作用在群体中会更加鲜明地表现出来。

在特定文化环境中形成的群体，当然这种情况相当罕见，即使由不同风格的民族组成的群体，他们的感情和思维方式也完全不同，这会使群体之间的差异变得十分突出，无论他们的利益多一致，也无论他们是否有同一宗教信仰。

社会主义群体总试图在大型集会中，把每个国家的工人代表集合在一起，期待共同为全人类幸福努力，这种带着独裁倾向的集权统治结果却总是以分歧而收场。拉丁民族的群体就是集权与独裁统治的信奉者，无论他们有多保守或激进，为了实现自己的目标都无一例外地求助于国家干预。

与此相反，由英国人或美国人组成的群体就不拿国家当回事儿,他们只相信个人的主观能动性。同样是为了争取某种公平，中国人会上访，而英美人则选择游行。

每个群体都有自己的精神符号,法国人组成的群体追求平等，英国人组成的群体则特别热爱自由。正是这些差异解释了为何有多少个国家，就有多少种不同形式的社会主义和民主主义。

由此可见，环境差异导致了文化差异，也导致了种族的气质分化，它对群体性格有着重大影响。这是一种决定性力量，限制着群体性格的变化。因此我们可以总结出一条基本定律：种族精神是最强大的，相比之下，群体的次要性格并不十分重要了。种族精神越强大，群体次要特征越不明显。

我在前文说过，群体的状态是一种原始状态，而支配群体的力量也类似于野蛮力量，至少是向这种原始的野蛮状态的回归。但当一个种族有了自己的性格之后，该种族就获得了结构稳定的集体精神，这使得人们摆脱了缺乏思考的群体力量支配，从野蛮走向文明。

种族因素之外的异质性群体，则分为无名称的群体和有名称的群体，前者如临时街头群体，它们也许会有临时性名称，但这和有名称的群体，如精心组织起来的议会和陪审团相比，前一种群体缺乏责任感，而后者则以发挥责任感为目的，这使得它们在行为上有天壤之别。

同质性群体

同质性群体可以粗略地从派别、身份团体和阶级来区分。首先，我们来说说派别。有一个词叫“党同伐异”，由此可见派别的力量。派别是最基本的同质性群体划分，也是同质性群体组织过程的第一步。而划分派别的是信仰，上至大臣，下至平民百姓，只要他们有共同的宗教信仰或相同的政治观念，便可划为同一派别。

第二种同质性群体是身份团体。被共同的信仰联系在一起的同派别群体，其成员形形色色。与派别团体不同的是，身份团体由职业相同的个人组成，因此他们还有相似的修养和比较接近的社会地位，是群体所能拥有的最高程度的组织。例如军人和僧侣团体。

第三种同质性群体和派别有所不同，他们结合在一起不是因为共同的信仰，也不是因为身份相似，而是因为某种共同利益、生活习惯以及几乎相同的教育，这就是阶级。比如我们常常说的无产阶级、工人阶级、中产阶级等。

以上三种群体一旦形成，他们就有了明确的使命，因此成为一个特定的组织，与本书谈的群体特征迥异。因此本书只讨论异质性群体，至于同质性群体我将放在另一本书——《革命心理学》里研究。

第二章　犯罪群体

提要：犯罪群体 / 群体行为可能在法律上是有罪的，但在心理上却是无罪的 / 完全无意识的群体行为 / 各种不同的例子 / 他们的推理、敏感、残酷和道德

被称为犯罪群体的群体

犯罪群体的一般特征与我们在所有群体中看到的特征并没有什么不同，他们易受怂恿、轻信，且易变，把良好或恶劣的感情加以夸大、表现出某种道德的极限等。犯罪群体的心理则受主流群体、亚文化群体中个人与群体的意向、动机和目的等影响，形成犯罪的共同心理倾向。

之前说过，当个人融入群体后，会产生一段莫名其妙的兴奋期。因为自己找到组织归属而欣喜，也因为现场的仪式感染——仪式是精神的具象表达，因此人对仪式有着本能的寄托。

我们可以从拿破仑的阅兵中找到很好的证明。起初，被拿破仑召集来的观礼绅士们保持着良好的风度，但掷弹兵方阵经过时，围观的群众爆发出响彻云霄的欢呼，他们情不自禁地响应了仪式的召唤。同样的例子在生活中十分常见，一个平时彬彬有礼的绅士，在一个低俗的聚会中避免不了粗话连篇。在一个群体中，当个体与多数人的意见不一致时，他会感觉到来自群体的压力。因此，在知觉、判断与行为上被迫和群体中多数人趋于一致，这种从众行为大多数人都无法避免。

兴奋期过后，群体就会进入一种纯粹自动无意识状态，它失去了所有思考力，受各种暗示的支配，并且非常容易将这些暗示付诸行动。于是，群体犯罪行为的悲剧就发生了。因此，从一般心理来看，很难把它说成是一个犯罪群体。我对这一错误的判断保留意见，是因为最近一些心理学研究使这观点十分盛行。不错，群体的一些行为，如果仅就其动机而论，的确与平时的犯罪动机有很大的不同。但是在某些情况下，这种犯罪行为和一只为了保存体力的老虎，先让其幼虎咬死猎物，比如一个印度人，然后再把它吃掉的行为是一样的，借刀杀人而已。

犯罪动机

一般来说，群体的犯罪行为完全受一种强烈暗示的支配，这种暗示，往往打着高尚的旗号，参与犯罪的群体事后坚信他们的行为是在履行义务、挽救社会。这是群体犯罪行为与普通犯罪行为最大的不同。

这些不同突出表现在以下三个方面：普通的犯罪动机卑劣，群体犯罪动机大多冠冕堂皇，参与者并不认为自己进行的是犯罪行为。普通的刑事犯罪分子犯罪后胆战心惊，但冠冕堂皇的动机让群体犯罪参与者胆大妄为。普通的刑事犯罪分子犯罪后拒绝承认事实以逃避处罚，群体犯罪的个体则毫无顾虑地承认事实，但却拒绝认罪。

动机论者会认为这些犯罪成员之所以犯罪是因为被教唆，群体中的每一个成员都是无辜的。他们只是在无意识的状态下被人利用，犯下了他们根本意想不到的罪行。这是大多数心理学家的观点。倘若这种谬论成立，那么，某个犯罪分子杀人越货后招出主谋，我们就可以判该犯罪分子为无罪。事实上，所有的行为皆以结果论而非动机，一个犯罪未遂的人和犯罪成立的人的处分大不相同。

因此我认为，犯罪行为一旦被实施，只有轻重大小没有高尚卑劣之分，对于被害人来说，两者造成的后果同样是伤害，而群体犯罪导致的结果更加惨重。

群体犯罪的历史

关于群体犯罪的事例，历史上数不胜数。举个较为典型的事例，如巴士底狱监狱长遇害事件。

1789 年 7 月 14 日，当群众发现国王的一支骑兵队来到巴黎东部关押政治犯的巴士底狱时，起义者立马高喊着“到巴士底去！”的口号，随后以排山倒海之势向这个象征封建专制统治的堡垒发动猛攻。他们砍断了监狱吊桥的锁链，冲了进去，与守军展开激烈的战斗，最后击毙了守军司令，捣毁了监狱，在巴士底狱升起一面红白蓝三色旗。

在巴士底狱被攻破后，暴动的群众——那些不知宽容的“无畏斗士”，把可怜的监狱长团团围住，当时他正在照顾一位精神病患者。暴民对他拳脚相加，他们面目下隐藏着嗜血的獠牙，美德的外衣内包裹狠毒的心肠。

一个干完活儿的厨师，因为闲得无聊，无所事事便好奇地来巴士底狱围观。他原本只是想来看看发生了什么。这时，有人建议吊死监狱长，砍下他的头，挂在马尾巴上。在监狱长反抗过程中，他不小心踢到了一个在场的人，于是有人建议，让那个挨踢的人割断监狱长的喉咙，这个建议立刻得到了群众的强烈赞同。这个挨踢的正是厨师。他本无伤害之意，但群体的意见就是如此。众目睽睽之下，他也相信这是一种爱国行为，甚至自以为杀死了一个恶棍，应该得到一枚勋章。他用一把借来的刀准备割断监狱长的脖子，因为刀有些钝了，他无法切断他的喉咙，于是他从自己的兜里掏出一把黑柄小刀，这个以切肉为生的厨师成功地执行了群体的命令。

由此可见，从众行为导致我们服从别人的怂恿。因为来自集体的意见更为强大，群体让杀人者认为自己是做了一件很有功德的事情，在厨师看来，他得到了同胞的赞同，他认为自己在替天行道。这种犯罪动机，从心理的角度来说不是纯粹的犯罪动机。

犯罪群体的一般特征

犯罪群体的一般特征，与此前论述的群体一般特征没有什么区别。成员个体轻信暗示，易受怂恿，道德表现极端。在法国史上最凶残的群体，即参与“九月惨案”的群体，便表现出了上述特征。在这宗惨案里，没有人确切地知道是谁下了“杀掉犯人，空出监狱”的命令，此人也许是丹东，也许是罗伯斯庇尔或别的什么人，这不是我们要研究的重点。我们关注的重点是，群体被强烈怂恿后参与了屠杀的事实。无论是谁下达了屠杀命令，参与屠杀的个体成员都接受了该怂恿。

该惨案的制造群体与制造圣巴托洛缪惨案的群体十分相似。我引用了泰纳根据当时的文献所做的详细描述：

这个群体大约有300人，该群体完全是个典型的异质性群体。除了少数地痞流氓外，其他成员主要是一些小商贩和各行各业的手艺人，包括鞋匠、锁匠、理发师、泥瓦匠、店员和邮差等。在怂恿的支配下，他们如同前文提到的厨师一样，完全相信自己是正义的，履行的是爱国任务。他们挤进同一间办公室，既当法官又当执行人，他们根本没有意识到自己在犯罪。因为他们深信自己肩负着重要使命——为爱国而革命。这些人一起着手搭起了审判台，与这种行为联系在一起的是，他们表现出了群体的一般特征：率性和幼稚的正义感，他们认为自己的行为出于爱国情操。

由于受指控的人数量众多，他们决定把贵族、僧侣、官员和王室仆役一律处死，没有必要对他们的案件一一进行审判，这太浪费时间了。群体低智能思考方式再次发挥了作用，对于他们来说，一个杰出的爱国者要处决一个罪犯根本不需要证据，只要看嫌疑犯从事的职业，就可证明该嫌疑犯是否为罪犯，其他人则根据嫌疑犯们的个人表现和声誉审判他们。

在他们看来，那些贵族平素恶贯满盈，贵族之间往往官官相护、狼狈为奸，因此所有权贵都是十恶不赦之徒。与其关系紧密的僧侣、仆役也被株连，无一幸免。

这种方式满足了群体幼稚的良知，当屠杀变得合法时，残忍的本能也被激活。我在别处讨论过这种本能的来源，群体总能把残忍发挥得淋漓尽致，正如群体通常的表现一样。这种本能并不妨碍他们的其他感情，他们的善举和残忍常常同样极端。

出于对巴黎的工人的同情和理解，1789 年的法国爆发的大革命中，暴民随意屠杀工厂业主、殴打管理者，他们随后攻进了阿巴耶地区的监狱。其中有一人在得知囚犯 26 小时没喝上水后，差点儿把狱卒打死，如果不是囚犯们为该狱卒求情，该狱卒早就一命呜呼了。一名囚犯被临时法庭宣告无罪释放后，所有人，包括卫兵和刽子手在内都高兴地拥抱这名囚犯，他们疯狂地鼓掌，然后开始屠杀贵族。在这个过程中，狂热的情绪从未间断。他们围在尸体旁跳舞唱歌，还为女士们安排了长凳，让她们享受观看处死贵族的乐趣。这种表演一直被一种畸形的正义气氛包围着。

当时，一名刽子手抱怨说，把女士们安排得太近了，看不清，只有极少数人享受了痛打贵族的快乐。为了升级暴动的快乐，暴民们决定让受害者从排成两排的刽子手中间慢慢走过，让刽子手们用刀背砍这些可怜的受害人，延长他们受难的时间。

拉福尔克监狱的暴动更为残酷，他们把受害人剥光，对受害人实行惨无人道的凌迟之刑，为了让每个人都能尽情地欣赏受害人被千刀万剐的痛苦，凌迟时间长达半小时。尽管受害人已经奄奄一息，仍难逃最后的折磨。这些冷血无情的刽子手们把体无完肤的受害者切开，再掏出他们的五脏六腑，其凶残简直人神共愤。

当然，刽子手也不是完全没顾忌，存在于群体中的道德意识也表现在他们身上。他们会把受害人的钱财和首饰收集起来，老老实实放在会议桌上，没一个人会私吞。这些暴动群体的所有行为都可以看到群体头脑特有的幼稚逻辑。

屠杀了1200~1500个民族的敌人之后，一个暴动成员提议杀掉那些被关着的“没有用”的老年人、乞丐和流浪汉。这个建议立刻就被该群体采纳了。

监狱中自然也有人民的敌人，比如有位名叫德拉吕的女性，就是一个毒杀他人的寡妇。因为被关押，她非常愤怒。她声称，如果有可能的话，她会一把火烧掉巴黎。于是有人建议除掉她算了。这种说法貌似正确可信，在暴乱者看来，既然这所监狱关了一个杀人犯,那么其他囚犯自然也重案在身,应该统统杀掉，于是囚犯们都被处死了，其中包括 50 名 12~17 岁的儿童。

当一周的“工作”结束时，所有的处决也终于停止了。刽子手们想来可以休息一下了,但他们深觉自己为祖国立了大功，于是前往政府请赏，甚至有人要求政府授予他勋章。

历史记载，1871 年巴黎公社也发生了类似的事件。激进主义者巴贝夫有个建立公社的构想,他要求由集体掌握国家财产，建立以农业为中心的经济体系，基于此，花草被挖，树木被砍，建筑被毁，更荒唐的是，公社成员制作了各种各样的“许可证”，持证人可以随心所欲地娶妻纳妾,不计其数的女性成为受害人。我们悲哀地看到，群体的势力不断增长，政府的权力在它面前节节败退。这个事件不是第一起，也不是最后一起，将来还会有更多相同性质的事件发生。

第三章　刑事陪审团

提要：刑事陪审团 / 陪审团的一般特征 / 研究显示陪审团的判决与他们的组成无关 / 陪审团如何受影响 / 推理的微弱作用 / 著名律师的辩护方式 / 陪审团制度的用处 / 如果陪审团被法官取代，将会带来的巨大危险

由于篇幅限制，我无法在本书中论述所有类型的陪审团，因此，我只能探讨一下最重要的陪审团——刑事法庭的陪审团，这种陪审团便是有名称的异质性群体。所谓陪审团制度，是指特定人数的、有选举权的公民参与决定是否起诉嫌犯，并对案件做出判决的制度。按理来说，刑事法庭的陪审团成员皆是社会精英，但我们会看到，它同样表现出了易受暗示和缺乏推理能力等群体特征。无论天才还是智障，只要一受大众领袖的影响，就成了被无意识情绪支配的生物。

这些不同成员组成群体时，群体的特征便一应俱全，个人

的智力高低就变得无关紧要了。前面说过，要求一个善于思考的团体就某个并非技术性的问题发表意见时，智力就起不了多少作用。在这个过程中，我们将看到，那些不懂群众心理的陪审员犯下有意思的错误事例。

无论是科学家，还是艺术家，只要他们形成一个群体，就无法对一般性问题做出高明的判断。在1848年以前，法国政府规定，要慎重选择陪审团的成员，要从有教养的阶层选出陪审员，即选择教授、官员、文人等。如今，大多数陪审员却是小商人、小资本家或雇员。但令专家十分费解的是，无论组成陪审团的是什么人，他们的判决结果都一样。就连法官也不得不承认，即使陪审团成员的素养有天壤之别，却不妨碍做出一致的判决。前刑事法庭庭长贝拉·德·格拉若先生在《回忆录》中说：

……市议员掌握着选择陪审员的实际权力，这群党同伐异的家伙，只根据自己的政治条件和选举要求，选择陪审团的成员。把合乎自己需求的人列入名单，把不合乎自己需求的人从名单上划掉。那些入选陪审团的人，不是可以从资金上赞助选举的生意人，就是政治信仰相同的政府部门雇员，过去那些权威人物、重要人物不再是陪审团的核心组成部分。尽管如此，只要正式开庭，这些商人、政府雇员的意见和专业知识，就不再起什么作用。热情洋溢的人与慈悲为怀的人，都处在了同一庄重而严肃的环境中，陪审团的精神宗旨没有改变。

对上面这段话，我们必须记住的是它的结论，而不是那些软弱无力的解释。由此，我们便明白法官为何会得出“陪审团的精神未曾改变”的结论，法官和地方官员一样，不过是通才教育制度下制造的庸才。他们对群体心理一窍不通，因此，他们不可能了解陪审团群体成员的心理。

在刚才提到的贝拉·德·格拉若先生的事例中，我还发现了一个依据。他在著作中曾批判过一名律师拉肖，这名刑事法庭最著名的出庭律师利用自己的权利，处心积虑地反对聪明人进入陪审团。然而，经验告诉我们，这种反对毫无用处。事实证明，即使公诉人、出庭律师与所有关在巴黎监狱里的人，都放弃反对某人进入陪审团的权利，也改变不了判决结果。正如贝拉·德·格拉若先生所言，陪审团的判决结果依然故我，既没有变得更好，也没有变得更差。

群体感情用事，没有推理能力，所以很少被证据打动。和其他群体一样，陪审团也被强烈的感情左右着。一名出庭的律师说："他们见不得母亲给孩子喂奶的情景，也见不得孤儿举目无亲的惨境。"格拉若则说："只要一个女人摆出一副楚楚可怜的样子来，就足以激发陪审团的慈悲之情。"

不难看出，移情或同情是影响陪审团成员的主要因素。倘若某类犯罪严重威胁人类社会，连陪审员自己也有可能成为其受害者时，他们对此类罪行会毫不留情地惩治。但是对一些因为感情原因而违法的案件，陪审团却十分优柔寡断，例如犯杀婴罪的未婚母亲、报复负心人的女人或对意图诱奸自己的男人泼硫酸的女囚犯，他们都十分包容，很少用严厉的判断判决来制裁她们。因为他们本能地认为，社会在照常运转，这种犯罪对自己也没有多大威胁。何况在一个没有将遗弃女性罪纳入法律的国家里，被抛弃的姑娘不受法律保护，她为自己复仇非但无害反而有益，因为这可以吓唬那些潜在的诱奸者，以减少女性被浪荡子弟伤害的概率。

和其他群体一样，陪审团也深受声望影响。关于这点，德·格拉若先生说得十分正确，陪审团的成员虽然通过民主的选举而出，但他们在好恶态度上却很贵族化。“头衔、出身、家财万贯、声望或有著名律师的辩护，一切不同寻常或能给被告增光的事情，都会使他的处境变得极为有利。”

律师的主要任务是打动陪审团的感情，杰出律师尤其擅长此道。正如对付所有群体一样，不需要做很多论证，或只采用十分幼稚的推理方式即可。一位因为在刑庭上赢了官司而赫赫有名的英国律师，总结出以下应当遵循的行为准则：

辩护的时候，若留心观察陪审团，有利的机会就会由此产生。律师凭着自己的眼光和经验，从陪审员的表情上领会每句话的效果，从中得出自己的结论。第一步要确认哪些陪审员已经被说动。确定他们是否被说动不需要浪费太多工夫，确定认同者后，应把注意力转向那些看来还没有拿定主意的人，努力搞清楚他们为何没被说动。

这是律师工作中十分微妙的部分，因为指控一个人除了正义感之外，还会有无限多的理由。这几句话道出了辩护术的全部奥妙。这就是我们前文说的，事先准备好的演说其效果基本不佳，因为演讲者必须根据印象随时改变措辞。

这也就是说，要想控制陪审团，辩护律师不必让陪审团的所有成员都接受他的观点，只需争取那些左右着大众观点的灵魂人物即可。正如其他群体一样，陪审团里也存在着少数对别人有支配作用的人。“我通过经验发现，”上面提到的那位律师说，“一两个有势力的人物就足以牵着整个陪审团成员的鼻子走。”由此可见，控制陪审团的一个简单诀窍就是用巧妙的暗示取悦关键人物，并取得他们的信任。

只要能成功博得群体中灵魂人物的欢心，在他们处于即将被说服的时刻，这时无论向他出示什么证据，他们都可能会认为该证据的可信度很高。我从有关拉肖的报道中摘录一段反映上述观点的趣闻轶事：

大家都知道，拉肖先生是有名的大律师。在进行辩护的时候，他无时无刻不关注着那两三个既有影响又很固执的陪审员，眼睛绝对不会离开他们。他会竭尽全力把这些不易驯服的陪审员争取过来。

有一次，拉肖先生在外省，他遇上了一个十分难缠的陪审员。这个人是第七陪审员，第二排椅子上的第一人。此人性格固执，对拉肖的态度很是冷漠。庭审的局面令人沮丧。拉肖极尽论辩之能，花了大半个小时来说服他，此人依然不为所动。正僵持不下时，拉肖停顿了片刻，转而向法官说："阁下是否可以下令把前面的窗帘放下来？第七陪审员已经被阳光晒晕了。"激昂的辩论过程因此言而终止，那个陪审员脸红起来，他微笑着向拉肖先生表达了谢意。这个难缠的陪审员就这样被争取来了。

很多记者，包括一些非常出众的记者，都非常反对陪审制度。尽管陪审制度存在许多问题，但这种制度却必须保留。面对一个不受控制的团体——犯罪群体犯下的错误，该制度是唯一能公平制裁他们的办法，也是保护我们免受其害的唯一办法。

有些人主张只从受过教育的阶层招募陪审员，然而我们已经证明，不管由什么人组成的陪审团，其判决没什么两样。

也有些人以陪审团犯下的错误为理由，呼吁废除陪审团，用法官取而代之。真令人难以理解，这些一厢情愿的改革家怎么会忘了，那些看似陪审团犯下的错误，首先是法官犯下的错误。一般来说，当被告被带到陪审团面前时，一些法官、检察官、公诉人已经给他定罪了。由此可见，如果对被告做出判决的是法官而不是陪审团，他会失去找回清白的唯一机会。

在陪审团犯错之前，法官已经犯了错误。因此，当出现了特别严重的司法错误时，首先应当受到谴责的是法官，某个对医生的指控就证明了我上述观点。一个愚蠢透顶的检察官根据一位半痴呆女孩的揭发，起诉了一名医生。那个半痴呆女孩声称医生为了 30 个法郎，给她做了不合法的手术。如果不是这个被指控的医生声誉颇佳，该起诉明显的诬蔑激怒了当地民众，引起社会高层关注，迫使最高法院院长亲自审理这个案子。事实证明医生是清白的，若不是最高法院还给了他自由，他一定会身陷囹圄。

这一错案的野蛮性昭然若揭，而有的法官也承认这一点，但是出于身份的考虑，他们极力阻挠签署赦免令。

每当遇上类似的案子，陪审团无法理解它的技术细节时，自然会倾听公诉人的意见。因为他们认为，那些负责侦查案子的警察和训练有素的司法人员，已经对事件进行了调查。由此，我们也就很容易明白错误的真正制造者，不是陪审团而是法官。

所以，我们应该保留陪审团制度，因为它是唯一不能由任何个人来取代的群体类型，只有它能够缓解法律的严酷性。这是一种对任何人都一视同仁的制度，从原则上说，它既不考虑也不承认特殊情况。法官是冷漠无情的，出于这种职业的严肃性，他除了法律条文不理会任何事情。但陪审团会本能地感到，与避开法网的诱奸者相比，被诱奸的姑娘的罪过要小得多，应该对她网开一面。

在了解了身份团体的心理，也了解了其他群体的心理之后，对一宗指控错误的案件，我不可能拒绝陪审团，而去相信那些颠倒是非的法官。从前者那里我还有找回清白的机会，而让后者认错的机会却是微乎其微。群体的权力令人生畏，然而身份团体的权力更让人害怕。

第四章　选民群体

提要：选民群体的一般特征 / 如何说服选民 / 候选人必须具备的素质 / 声望的必要性 / 词语和套话对选民的影响 / 竞选演说的普遍特征 / 选民的意见是如何形成的 / 委员会的威力 / 大革命时期的委员会 / 普选无法替代 / 普选反映了什么

选民群体是指有权选出某人担任某项职务的集体，它也属于异质性群体，但他们的行为仅限于一件规定十分明确的事，即在不同的候选人中做出选择，因此他们只具有少数前面讲到过的群体特征。如群体的推理能力极差，他们没有批判精神、轻信、易怒并且头脑简单。此外，在他们的决定中也可以找到群众领袖的影响，和我们列举过的那些因素——断言、重复和传染——有关。

让我们来看一下他们是怎么被诱惑的。其第一个因素是，候选人应当享有声望。第二个因素是，候选人必须富有——能够取代个人声望的只有财富。才干甚至天才，都不是成功的重要因素。最重要的一点是，享有声望的候选人必须迫使选民不经讨论就接受自己。选民中的多数都是工人或农民，他们很少选出自己的同行来代表自己，原因就在于这种人没有声望。即使他们偶然选出一个和自己差不多的人，一般也是基于一些次要原因。例如，为了向某个大人物或有权势的雇主——选民平常要依靠他——泄愤，或是因为他能通过这种方式产生成为其主人的一时幻觉。

若想保证自己取得成功，候选人只有声望是不够的。选民特别在意他表现出贪婪和虚荣，在表现得非常清高的同时，还必须用最离谱的哄骗手段才能征服选民，要毫不犹豫地向他们许诺幸福，哪怕这些许诺是异想天开的。

如果选民是工人，侮辱和中伤雇主是不二法门，其言论再多、再尖刻也不过分。对付竞选对手，必须利用断言法、重复法和传染法，竭力让人相信这个对手是个十足的无赖，他恶贯满盈是人尽皆知的事实。为任何表面证据而费心是没有用的。对手如果不了解群体心理，他会用各种证据为自己辩护，不懂得用断言来对付断言，如此一来，他就没有任何获胜的机会了。

候选人写成文字的纲领也不可过于详细和绝对，不然他的对手将来会用这些文字来对付他。但是在口头发挥中，再夸夸其谈也不过分。可以毫无惧色地承诺最重要的改革，这些夸张的承诺能够产生巨大的效果，但对未来并没有约束力，因为这需要不断地进行观察，选民一般懒得为这事操心，他们才不想知道自己支持的候选人究竟能在他所赞成的竞选纲领上走多远，哪怕当初选他可能就是因为这个纲领。

从以上例子中，就能够看到所有说服群体的因素。各种口号和套话有着神奇的控制力。一个明白如何利用这些说服手段的演说家，很容易就能够控制群众。像不义之财、卑鄙的剥削者、可敬的劳工、财富的社会化之类的说法，永远会产生同样强大的效果，尽管这些陈词滥调早已经被重复过无数次。此外，如果候选人满嘴新词，其含义极为模棱两可，那么就能够迎合各种不同的愿望，如此一来必能大获全胜。

由于这种套话的含义复杂，每个人都可以做出自己的解释，

1873年的西班牙的血腥革命就是因为一个这样的词语而爆发的。一位作者做了详细的记述，我引用如下：

激进派发现，集权制的共和国其实是改头换面的君主国。于是，为了迁就他们，议会全体一致宣告建立一个“联邦共和国”。虽然投票者们谁也解释不清楚自己投票赞成的是什么，但这个说法却让众人皆大欢喜。人们无比高兴地陶醉其中，似乎看到美德与幸福的王国由此诞生。一个共和主义者如果被对手拒绝授予联邦主义者的头衔，他就会认为自己受到了致命的侮辱。

在大街上相遇时，人们常用的问候语是：“联邦共和国万岁！”随后，周围便会响起一片赞美之声。他们认为军队没有纪律是一种美德，他们高度赞成军队自治。人们对“联邦共和国”是如何理解的呢？有人认为它是指各省的解放，即同美国和行政分权制类似的制度；有人则认为它意味着消灭一切权力，迅速着手于伟大的社会变革。巴塞罗那和安达路西亚的社会主义者赞成公社权力至上，他们建议在西班牙设立一万个独立的自治区，民众根据自己的要求制定法律，在建立这些自治区的同时，禁止警察和军队的存在。

叛乱很快便开始了，从南部各省的一座城市向另一座城市、从一个村庄向另一个村庄蔓延。有个村庄发表了宣言，它做的第一件事就是立刻破坏电报系统和铁路，以便切断与相邻地区和马德里的一切关系。所有的小镇都在另起炉灶。联邦制变成了粗暴的分权制，它给各立门户大开方便之门，到处都在杀人放火，人们无恶不作。这片土地到处都是血腥的狂欢。

理性几乎不可能对选民的头脑产生影响。千万别去读那些有关选民集会的报道，否则你会对这个问题产生怀疑。在这种集会上，言之凿凿地痛骂对手，有时甚至拳脚相加，一波未平一波又起，各种惊人的言论此起彼伏，绝对没有道理可言。即使有难得的片刻安静，也只是因为有个粗鲁狂躁的人在场煽风点火，宣称自己要用一些让听众开心的麻烦问题难倒候选人。但是这些愚蠢反对派制造的平静是短命的，因为他们提出的问题根本无人聆听，他那点儿可怜的声音很快就会被对手的叫喊压倒了。报纸上有很多类似事例，我从中选出几个作为这方面的典型：

在一次公共的集会上，组织者之一请与会者选举一名主席，全场立刻骚乱起来。无政府主义者跳上讲台，粗暴地占领了会议桌。社会主义者则极力反抗。人们相互扭打，各党派互相指责对方是“卖国贼”，是“奸细”，无数人因此受伤。

因为骚乱，会议拖延了很长的时间，话语权转移给了X同志。这位演讲人开始激烈抨击社会主义者，群体则用“白痴、无赖、流氓”等词骂他。针对这些脏话，X同志则非常巧妙地用一种理论来反驳，根据他的推理，社会主义者全成了“白痴”或“可笑之人”。

为了庆祝五一劳动节活动而准备预演，阿勒曼派在福伯格宫大街的商会大厅组织了一次大会。为了避免争论，会议提出的口号是“沉着冷静”。

社会主义者被称为“G同志”，这个词是“白痴”和“骗子”的隐喻。一听这话，大家便开始相互攻击，演讲者和听众甚至大打出手。椅子、桌子、板凳等，全都变成了武器。由此可见，这样的集会中根本不可能有什么理性，论证和推理完全不能发挥作用。

不要以为这种描述只适用于固执的选民群体，更不能认为理性与否取决于他们的社会地位。不管是什么样的集会，即使参与者全是受过高等教育的人，在会上的争论也没什么两样。我说过，当人们聚集成一个群体时，降低他们智力水平的机制就会发生作用，在所有的场合都可以找到这方面的证明。例如1895年2月13日的《时报》就有一篇关于学术集会的报道，参加会议的全是大学生：

那个晚上，会议越来越嘈杂，众人的争吵声有增无减。任何一个演讲者说上两句话，就会被人打断。时刻都有人大声喧哗，场内喊叫四起。演讲者在发言时博得了喝彩声的同时，也会听到辱骂声。一些听众激烈地争吵着，有人挥舞着木棒，有人不停地击打地板。如果有人打断演讲者发言，听众不是叫嚷着“把他轰下去！”就是“让他继续说！”

我们姑且称一位学者为C先生。此君满嘴仁义道德，在他发言的时候，张口便批判某些人不是白痴，就是懦夫、恶棍、卑鄙无耻或唯利是图之人。他认为，社会充斥打击与报复，世风日下，他宣称要把败坏道德的东西统统消灭。

人们也许会问，政治或派别不同的选民的意见怎么可能达成一致呢？问这种问题的人，等于为群体自由文过饰非，这个奇怪的谬论忽略了群体心理原始化的特征。虽然大众群体也可以有意见，但这些意见绝非他们自己的，这些意见不过是被煽动的群体接受的某种暗示。既然是暗示，其合乎理性的可能也极低。

这是因为，在类似选举的事件上，选民的主张和选票都被握在选举委员会的手里。领袖人物通常都是些有名的政客，为了达到目的，他们向工人阶级承诺各种好处——他们尤其懂得将个人意愿变成群体意愿的方法。由此领袖们得到了群体的拥戴。正如民主人士谢雷先生所言："你知道什么是选举委员会吗？它是我们各项制度的基石，是政治机器的一件杰作，它的零件不多不少。今日法国就是选举委员会统治着。"

只要候选人能被群体所接受，且有一定的财力的话，想对群体产生影响，就不是什么困难的事了。选举委员会之威力由此可见一斑。一位选举委员口出狂言：假如有人汇款 300 万法郎给他，他就能保证让布朗热将军重新当选。

选民群体的心理学就是如此，它和其他群体一样，既不更好也不更差。

以上所言并非反对普选。我明白了它的命运，因此出于一些实际的原因，我愿意保留这种办法。事实上，我们是通过对群体心理的调查归纳出了这些原因，基于这些考虑，我要对它们做进一步的阐述。

不必怀疑，普选的弱点十分突出，所以我们很难视而不见。不可否认，文明是少数智力超常的人的产物，他们构成了一个金字塔的顶点。随着这个金字塔各个层次的加宽，智力也越来越少，那些智力低下的人就是一个民族中的群众。一种文明的伟大，如果依靠仅仅以人多势众的、平凡的成员的选票，是无法让人放心的。另一件无须质疑的事情是，大众投下的选票往往十分危险。群众已经让我们付出多次被侵略的代价，他们正在为社会主义铺设道路，由此，社会主义终将胜利。而这种异想天开的人民主权论，十有八九会让我们付出更惨重的代价。

虽然这些不同意见从理论上会颇令人信服，但在实践中却毫无意义。只要明白观念变成教条后便具有不可征服的力量，我们就得承认这一点。从哲学的观点来看，群体至上的教条正如中世纪的宗教教条一样不堪一击，但它仍然拥有和昔日教条一样强大的绝对权力，也像过去的宗教观念一样不可战胜。

假如有个现代自由思想家穿越时间，来到中世纪。你认为他敢攻击盛行于当时的宗教观念吗？这些宗教有着至高无上的权力，一旦冒犯宗教，法官就会毫不留情地把他送上火刑柱，指控他与魔鬼勾结或参加了女巫的宴会。

试图通过讨论改变普选制度，比群体的迷幻式的信念高明不了多少。就当前来说，普选的教条有过去宗教式的威力。那些政客和记者提到民主和社会主义时，他们表现出的阿谀奉承与谄媚之态，即使是路易十四也不曾享受过。因此，对待普选制度，就像对待宗教教条一样，如果不赞同，那么就保持缄默，让时间去改变它吧。

致力于破坏这种教条只会徒劳无功，因为它显然有一些道理，并且有一件伪饰自己的外衣。托克维尔说：“在人人平等的时代，人与人之间没有任何崇拜，因为彼此都一样，但这种相似性使他们盲目相信公众的判断力。因为他们觉得，既然大家都同样开明，真理就一定掌握在多数人手里。”

限制选举权，只让那些智力优秀的人参与选举，就能提高大众投票的质量吗？显然，我永远也不可能这么认为，基于前文已经说过的，一切群体，不管组成它的成员是什么人，群体的心智都非常低下。一旦进入群体，人们就变得智力平平了，我一点儿都不相信在同一个问题上，40 名院士的投票会比 40 个卖水的人的投票更高明。

不要认为只让有知识、有文化的人成为选民，普选结果就会有所不同。一个人不会因为通晓希腊语或数学，不会因为是个建筑师、医生或大律师，就会在社会问题上看得比别人清楚。我们的经济学家全都受过高等教育，他们大多是教授或学者，但他们何曾就哪个一般性问题——贸易保护、双本位制等——达成一致的意见？这是因为人类普遍愚昧无知，学问不过是弱化了他们的无知而已，但这拯救不了他们在深度问题上的低能。在社会问题上，由于未知因素太多，从本质上来说，教授和农民的无知没有什么两样。

所以，即使完全由学识渊博之人组成选民群体，他们的投票结果也不会比现在的结果好到哪儿去。他们仍然受自己的感情和宗派精神支配。对那些我们现在必须解决的困难，还是一个也解决不了。而且，我们可以预见的是，在这些人的带领下，专制会变本加厉。

大众的选举权，无论是被限制还是放任自流，无论是在共和制还是君主制之下行使，也无论是在法国、比利时、德国、葡萄牙或西班牙，其结果都一般无二。我讨论的结果是：群体选举的结果，不过是一个种族意识的向往和需要。每个国家的当选者，他的一般意见都反映着他种族的秉性，从上一代人到下一代人，这种秉性不会有什么显著的变化。

我们一再遇到种族这个基本概念，由此可见，各种制度和政府对一个民族的生活只能产生很小的影响。民族主要是受其种族的秉性支配，也就是说，是受遗传的支配。所谓秉性，正是这些品质的总和。种族和我们日常必须遵守的条条框框，是我们命运的神秘主宰。

第五章　议会

提要：议会群体与异质性群体有很多相似的特征／主张的简单化／暗示和这种暗示的限制／不可改变的牢固主张和变幻不定的主张／为什么往往悬而未决／领袖的作用／获得声望的理由／投票代表着少数人的旨意／演讲艺术的要素／词汇与形象／领袖人物在心理上必须被说服和限制／群体不可能接受没有声望的演说者的观点／议会中感情的夸张／国民公会会议／议会失去群体特征的情况／专家在技术性问题上的影响／议会制度在各国的好处和危险之处／它适应现代需求，但会带来经济上的浪费并逐渐限制所有的自由

议会是我们研究的有名称的异质性群体之一。虽然议会成员的选举方式因时而异，各国之间也各有不同，但是它们都有着十分相似的特征。在议会中，人们会感到种族的影响削弱了，

或强化了群体的共同特征,但这些都不会妨碍群体特征的表现。希腊、意大利、葡萄牙、西班牙、法国和美国等这些完全不同的国家，其议会的辩论和投票却惊人地相似，各国的政府面对着同样的困难：即使最简单的问题，这些貌似智商和学识都优于常人的参议员，都难以达成共识。

议会制度是一切现代文明民族的理想，这种制度反映了一种观念：在某个问题上,群体比个人做出的决定会更明智而独立。虽然从心理学上说,这种观念是错误的,但却得到了广泛的认可。

在议会中，我们仍然可以看到群体的一般特征：头脑简单、多变、易受暗示、感情夸张、以领袖人物为主导等。不过，由于其构成特殊，与一般群体相比，它有一些不同的特征，我们现在就来做一些简单的说明。

他们最重要的特征之一是意见的简单化。在所有党派中，尤其是在拉丁民族的党派中，有一种用简单抽象的原则和普遍性规律来解决复杂社会问题的倾向，无一例外。虽然原则因党派不同而不同，但仅仅因为个人是群体的一部分这个事实，他们便总是倾向于夸张自己原则的价值，并且非把这原则贯彻到底不可。而这导致的结果是，议会成了各种极端意见的典型代表。

议会的意见特别质朴简单，法国大革命时期的雅各宾党人的议会充分体现了这一点。这些议员头脑僵化，里面充满各种含糊不清的普遍观念。每当说到他们时，人们无不认为他们经历了一场革命，理由是：他们忙不迭地贯彻自己死板的原则，待人方式十分教条化，逻辑也含混不清，更不会关心事实如何。但谁也没有看到这场革命，一些十分简单的教条引导着他们，他们以为在这些教条的帮助下，自己能够把社会重新改造一遍。

结果，雅各宾派使一个高度精致的文明倒退了很多年，其文明程度仅相当于社会进化的早期阶段。他们采用的办法与极端质朴原始的人有同样的特点，不过是把改革路上的障碍统统毁掉。顺我者昌，逆我者亡，党同伐异，群体无视一切障碍，无论他们是法国大革命期间推翻波旁王朝后掌握实权的吉伦特派、国民公会的激进派议员集团的山岳派还是法国南方热月党，全都被同样的种族精神激励着。

议会中的群体能轻易被暗示影响，和所有群体一样，暗示都来自享有声望的领袖。不过，议会群体所受的暗示有很明确的界限。在有关地方或地区的一切问题上，每个议会成员都固执己见，任何论证都无法说服他们。例如，在贸易保护、酿酒业特权等与选民的利益相关的问题上，即使有古希腊著名演说家狄摩西尼那样的才能，也难以改变任何一位众议员的投票。这些选民在投票期之前就已经受到暗示，这些暗示足以压倒一切阻力，任何取消该建议的反对意见都不会被采纳，他们维护自己意见的绝对稳定。

一涉及一般性问题——推翻内阁、开征一种新税等，这些人就不再有任何固定的意见了，他们变得事不关己高高挂起。这时，领袖的建议就能够发挥影响作用了。每个政党都有自己的领袖，他们的影响有时旗鼓相当。虽然方式与普通群体的有所不同，但结果却没有太大的差异。议会夹在两种对立的意见之间时，难免优柔寡断迟疑不决。这就是为什么经常看到他们在一刻钟之内做出了完全相反的表决，或为某项法案增加一条使其失效的条款，例如剥夺雇主选择和解雇工人的权利，却又来上一条几乎废除这一措施的修正案。

同样的原因，每届议会都有一些非常稳定的意见和一些十分易变的意见。总的来说，一般性问题数量更多，因此议而不决是议会中司空见惯的现象，这是因为议员永远担心选民的意见，而选民的建议总是姗姗来迟，这会制约领袖的决断力和影响力。

不过，在众多讨论中，如果议员们没有强烈的意见，处在主导地位的人依然是那些领袖。显而易见，这些领袖是非常有必要的。在每个国家的议会中，我们都能看到他们以团体首领的名义活动着，他们是议会的真正统治者。组成群体的人，如果群龙无首便一事无成，因此，我们也可以说，议会中的表决通常只代表极少数领导者的意见。

领袖的影响力在很大程度上来自他们的声望，他们提出的论据，一般不是形成影响力的主要原因。这一点最好的证明是，一旦他们威信扫地，影响力也随之消失。

政治领袖的这种声望只属于他们个人，与头衔或名声无关。关于这个事实，国民议会议员之一朱尔·西蒙先生在评论 1848 年国民议会的大人物时，为我们提供了一些非常具体的例子：

无所不能的路易·拿破仑在威信扫地的两个月后，变成一个完全无足轻重的平民百姓。著名作家维克多·雨果是议会成员之一，他登上讲台试图说服议会接受他的某项建议，虽然他机智幽默、口才极佳，但却无功而返。虽然人们听他说话，就像听法国政论家费里克斯·比亚说话一样快乐，但这并没有为维克多·雨果博得多少掌声。当沃拉贝尔在谈到费里克斯·比亚时对我说："我不喜欢他那些想法，不过他是法国最了不起的作家之一，是最伟大的演说家。"

尽管埃德加·基内聪明过人，智力超强，却没有得到重用。在召开议会之前，他就有些名气，但在议会里，他什么都不是。

议会不是展露才华的地方，它关心的只是那些与时间地点相宜、有利于党派的辩才，而不是这些雄辩是否对国家有利。若想成为拉马丁或者梯也尔那样的人，需要有急迫且不可动摇的利益刺激议会才可以。一旦危险消失，议会立刻就忘记了它得到的恩惠和受到的惊吓。

之所以举上面的例子，是因为它包含着的一些事实可以说明，群体一旦效忠于领袖，不管是党的领袖还是国家的领袖，便立刻失去了自己的个性。服从领袖的群体是处在他声望的影响之下，并且这种服从不受利益或感激的支配。它提供的解释，缺少心理学支撑。

由此可见，享有足够声望的领袖几乎掌握着绝对权力。一位著名的众议员，因其声望而拥有巨大的影响力，在很长一段时间里一直左右着群体意识。他使个眼色，便可以让内阁倒台。后来，他因某些金融问题在大选中被击败，此事广为人知。有个记者曾报道过他的影响程度之深：

这位X先生的谬论，让我们为他付出的代价超过普通战争的三倍。

因为他的一个错误决定，法国在马达加斯加的地位岌岌可危；因为他的轻信，在南尼日尔，我们被骗走了一个帝国；因为他的即兴言论，让我们失去了在埃及的话语权。X先生给我们带来的损失，比拿破仑一世带来的还严重。

对这种领袖，我们不必过于苛责。不错，他使我们损失惨重，但他的大部分影响力都来自顺应民意。只是这种民意在殖民地事务上，还无法超越过去的水平。领袖很少超前民意，他做的一切几乎总是在顺应民意，所以也会助长其中的所有错误。

引用上文，为的是讨论领袖进行说服的手段。除了他们的声望之外，还包括一些我们多次提到过的因素。领袖若想巧妙地利用这些手段，就必须做到对群体心理了然于胸，哪怕是无意识地也要做到。同时，他还必须知道如何对支持自己的人民说话。他尤其应当了解各种词、套话和形象的神奇力量。他还应具备特殊的诡辩之才，用言之凿凿的夸张断言代替烦琐的证据，用生动的形象和笼统的论证代替推理。在所有集会中都能看到政客应用这种辩术，连最严肃的英国议会也不例外，英国哲学家梅因说："在下院的争吵中，我们可以不断看到，整个辩论不过是软弱无力的大话和个人激进的意见的交锋。这种一般公式对纯粹民主的想象产生巨大的影响。让一群人接受用惊人之语表达出来的含糊断言，从来就不是什么难事，即使它从未被证实过，且我们明知永远不可能被证实。"

上中提到的“惊人之语”，不管说得多严重也不算过分。我们多次谈到词语和套话的特殊力量。我们必须选择能够唤起生动形象的措辞。一位议会领袖的演说就为我们提供了一个极好的范例：

一艘船驶向一座被热病肆虐的监狱。在监狱里，关着名声可疑的政客和目无法纪的杀人犯。这两种人如难兄难弟般臭味相投，他们勾结在一起，狼狈为奸，相互利用。

这样唤起的形象极为鲜活，它让演说者的所有对手都觉得自己正被渣滓威胁着。他们的脑海里浮现出这样两幅画：在一片贫病交加的土地上，一艘船正把社会渣滓送到那个地方。他们可能会被当作那些界限模糊的政客，因此被流放到那片热病肆虐的地方。他们感受到的恐惧，正如国民公会议员感受到的断头台恐惧一样——罗伯斯庇尔的威胁。在恐惧的影响下，任何群体都会向演说者投降。

夸大其词，喋喋不休地重复那些不可能兑现的幸福承诺，永远都有利于领袖。就像上文引用过的演说家的断言一样，这类夸张的言论从来没有被强烈地抗议过。为了打击赞助竞争对手的金融家，演说者可以捏造谎言来吓唬大众。没有哪个国家的人不讨厌恐怖分子，只要演说者说该金融大腕暗中资助恐怖分子的活动，那么该金融大腕就会成为众矢之的。这种断言永远有着神奇的力量，无论断言内容多么激烈，也无论声明把威胁渲染得多么可怕，对群体来说都不算过分。没有比这种辩术更能唬人了。假如在场有人想反驳这些言论，他们也担心会被大家当作叛徒或对手的同伙而受到攻击。

如前文所说，集会中最有效的就是这种特殊的辩论术。在危难时刻，它的作用就更加明显了。从这个角度看，法国大革命时期各种集会上的大演说家的讲话，都十分合乎这条规律。他们无一例外地先谴责罪恶弘扬美德，破口大骂暴君或当权者的残忍，打着“不自由毋宁死”的旗号鼓动众人。而在场的听众，无一例外地被这些套话打动，每当听到这些演说词时，都会给演说者以热烈的掌声。

偶尔也会出现智力优秀、受过高等教育的领袖，但这些素质通常对他不但无益，反而有害。当他想通过琐碎的解释使大众理解复杂的问题时，那么，他的智力就会使他非常能宽容对手和大众的无知。由此导致的结果是：理性会大大削弱他的强硬与粗暴，但这恰是建立信徒信念所必备的。在任何时代，尤其是在大革命时期，领袖的头脑之狭隘令人瞠目结舌，而偏偏影响力最大的，也是这些褊狭的人。

罗伯斯庇尔便是最好的例子。他的演说常常自相矛盾，根本令人无法理解，若只看这些演说的发言稿，我们根本不明白，这个大权在握的独裁者何以有如此大的影响力。

在他们的攻击和辩护中，采用的观点不过是些小学生的歪理。不仅没有思想，在措辞上也没有变得更让人喜欢，甚至没有切中要害的批判，有的只是令我们生厌的疯狂断言，比如法国教科书上的常识和废话，可以糊弄孩子的普通的拉丁文化等。凡读过他们那些枯燥无趣的演讲稿的人，绝不会想看第二次。即使性格和蔼可亲的哲学家德穆兰，也不免要扼腕长叹：“唉，怎么会有人相信如此荒谬绝伦的言论？”

极端狭隘的头脑与强烈信念结合在一起，就会给一个有声望的人带来至高无上的影响力,其影响之大足以让任何人胆寒。若有人想拥有坚定无比的意志力，就必须满足这些最起码的条件。而群体，是意志最薄弱的生物，他们会本能地在精力旺盛、信仰坚定的人中寻找主子，他们永远需要领袖。

由此可见，演说的成功几乎完全依靠演说者的声望，根本不取决于他的证据或推理是否有力。无论某个演说者因为什么原因失去了声望，他同时也失去了一切影响力，失去他用自己的意志影响选民表决的能力。

若是一个籍籍无名的演说者出场，如果他只有论证，即使演讲稿论证充分，充其量也只能让人听听而已。一位有心理学学科背景的众议员德索布先生这样描述一位没有声望的众议员：

他从公文包里拿出一份演讲稿，神情庄重地走上讲台，煞有其事地摆在自己面前。他开始发言，看起来很有自信。

在演讲前，他曾吹嘘能够让听众相信他的理论，他的发言能使听众感到振奋。他对那些数字和证据信心十足，一而再，再而三地强调自己的论证。他坚信自己能够说服听众。在他看来，他引用的证据，任何人都无法反对。他一厢情愿地认为自己的同事会认真听讲，认为同事们会理所当然地认同他的观点，认同他发现的真理。

但他开口后才发现，大厅里很不安静。听众们有的窃窃私语，有的大声喧哗，这些噪声令他十分恼怒，却又发作不得。他不明白，这些人为何不能保持安静呢，为何他们不留意他的发言呢？这些人竟然无视他的发言，只顾自己私下的交流，他们在想些什么？更令人气愤的是，竟然有不少众议员离开了自己的座位。

他皱着眉头停了下来，脸上掠过一丝惊惶不安的神情，演讲声也小了下去。在议长的鼓励下，他提高了嗓门，加重了语气，还配合了各种手势，但无济于事，听众的声音越来越大，大得他连自己的话都听不见了，喧闹声变得难以忍受，他只好停了下来，由于担心沉默会被听众呵斥，只得硬着头皮勉强把自己的发言稿读完。

当议会群体极度兴奋时，它和普通的异质性群体便没有什么两样，它的感情同样爱走极端，或是做出最伟大的英雄主义举动，或是犯下最恶劣的罪行。议员个人不再是自己，在他们完全失去了自我后，会投票赞成与自己利益完全相反的人。

法国大革命就说明了议会能多么严重地丧失自我意识，被那些与个人利益截然对立的建议牵着鼻子走。举行“制宪会议”的那个著名的夜晚，贵族们毫不犹豫地放弃了自己的特权。对贵族来说，放弃自己不可侵犯的特权，便会使自己沦为人皆可欺的平民百姓。与平民不同的是，权贵一旦失去特权，便会遭遇死亡威胁。但这些贵族还是这么做了。他们滥杀无辜，但他们也很清楚，把同伴送上断头台的自己，将来很可能也会遭遇同样的下场。实际上，他们进入了一个完全不由自主的状态，任何想法都无法阻止他们进行那些已经把他们冲昏了头脑的建议。下面这段话，摘自这些放弃特权的人物之一比罗－瓦雷内的回忆录，其极典型地记下了这种情况：“我们做出了一个备受指责的决定。一天前我们还不赞成，后来居然通过了。导致这种结果的原因是危机的出现。”再也没有比这更正确的说法了。

在议会上，所有情绪激昂的决定都能看到同样的无意识从众行为。泰纳说，通过那些他们引以为荣的提案，执行那些愚蠢透顶甚至是犯罪的措施，如杀害无辜、杀害自己的朋友和领袖。在右派分子的支持下，左派分子全体一致同意把他们的首领丹东——这场革命的伟大发动者和领袖，送上断头台。在右派分子的支持下，左派分子全部一致通过了革命政府最糟糕的法令。

在热烈叫喊的欢呼声中，议会不由自主地一再改选领导者，德布瓦、库东和罗伯斯庇尔等人在热烈的赞扬声中登上了权力巅峰，一个杀人成性的政府诞生了。平原派憎恶它，因为它杀人如麻；山岳派憎恶它，也因为这个政府草菅人命。无论平原派还是山岳派，多数派或少数派，竟然一致让使他们自相残杀的人物入主政府。牧月 22 日，议会成员把自己交给了刽子手，热月 8 日，罗伯斯庇尔登台发言，才演讲了一分钟，这个议会再次同意了放弃特权，通过了把自己交给刽子手的提案。

这个天昏地暗的场面，十分准确地表现出了群体特征。议会若是兴奋和头脑发昏到一定程度，就会表现出同样的特点。它变成不稳定的流体，受制于一切刺激。

斯普莱先生有一段有关1848年议会的描述，这是一位执着地信仰民主主义的议员。他在《文学杂志》刊登的文章很好地描述了群体夸张感情这一特点，极端多变性使群体感情一刻不停地从一种感情转向另一种截然相反的感情。

因为内部分裂，因为成员之间相互嫉妒和猜疑，因为盲信，因为实施愿望不择手段，共和派坠入了地狱。其信念有多质朴、天真，人们就有多怀疑它。这群人毫无法律意识，不知纪律为何物，其行为恐怖得令人发指，其幻想可笑得如天方夜谭。在这些方面，乡巴佬和孩子都比他们强。他们十分冷酷，也同样十分缺乏耐心，他们非常残暴，也同样非常温顺。这是性格不成熟的表现，是缺乏教养的结果。似乎没有什么事情能让他们吃惊，但任何事情都会让他们慌乱。即会因为恐惧而胆小如鼠，也会因为大无畏的英雄气概赴汤蹈火、视死如归。

他们从不考虑原因和后果，更不在乎事物之间的关系。时而灰心丧气，时而斗志昂扬，极易受惊慌情绪的影响，不是过于紧张就是过于沮丧，从来不会处在环境所要求的心境或状态中。他们的情绪比流水还易变，头脑混乱，行为无常。人们怎么敢把政治基础建在他们身上呢？

幸运的是，上述这些在议会中看到的特点，并非经常出现。议会只是在某些时刻才会成为一个群体。在大多数情况下，组成议会的个人仍保持自己的个性，这解释了议会为何能够制定出十分出色的法律。这些法律的制定者都是专家，他们安静地在书房里拟订草稿，因此，表决通过的法律，其实是个人而不是集体的产物。只有当一系列修正案把法律变成集体努力的产物时，才有可能产生灾难性的后果。群体的产品不管性质如何，与孤立的个人的产品相比，总是平庸的。专家阻止议会通过一些考虑不周全或行不通的政策。在这种情况下，专家是群体暂时的领袖。议会无法影响他，他却可以影响议会。

议会的运作虽然面对所有这些困难，它仍然是人类迄今为止的最佳统治方式，尤其是人类摆脱个人专制的最佳方式。不管是对于哲学家、思想家、记者、艺术家还是有教养的人来说，对于所有构成文明主流的人，议会无疑是理想的统治。

然而，议会制度也会造成两种严重的危险，一是不可避免的财政浪费，二是对个人自由不断增加限制。

第一种危险是各种紧迫问题和当选群体缺少远见的必然产物。如果有个议员提出一项显然符合民主理念的政策，譬如说，他在议案中建议保证使所有的工人都能得到养老津贴，或建议为所有国家雇员加薪。其他议员因为害怕被选民憎恶，他们不敢无视选民的利益，从而不反对这些提议。虽然他们很清楚这会增加新的财政负担，必然会导致新税种的设立。但他们却不敢在投票时迟疑不决，更别说反对了。增加开支的后果由遥远的未来承担。如果投了反对票，那么他们参与竞选时就会遭到选民的唾弃。

除了扩大开支的原因外，还有一个强制性的原因，即必须赞成一切地方性开支。任何议员都没办法反对这种要求，因为这同样反映着选民的迫切需要。众议员只有同意同僚的类似要求，才能为自己的选民争取到这种补助金。

第二种危险，即限制议员的自由——来自议会的压力。虽然看起来不那么明显，却是一点儿不假。这是大量的法律条款导致的结果，法律是限制性的，而议会则认为自己有义务表决通过。但是由于群体目光短浅，他们在很大程度上对结果完全不能预知。

这种危险不可避免，即使在英国这个议会制最完善、议员独立于选民的国家，也无法避免这种危险。赫伯特·斯宾塞在一本著作中曾指出，表面自由的增加必然伴随着真正自由的减少。他在《人与国家》一书中又谈到了这个问题。在讨论英国议会时，他表达了自己的观点：

自这个时期以来，立法机构一直沿着我指出的方向前进。迅速膨胀的独裁政策不断地限制个人自由，这表现在两个方面。第一点，每年都制定了大量法律，对一些过去行动自由的公民进行限制，强迫公民做一些过去他可做可不做的事情；第二点，日益沉重的公共负担，尤其是地方公共负担。通过减少个人可自由支配的收入比例，以公共利益增加纳税额，这意味着公民根据自己喜好花销的份额减少，这限制了公民的个人自由。

这种对个人自由日益增加限制的情况在每个国家都有。斯宾塞没有明确指出各种限制具体的表现形式。正是这些大量的立法措施的制定，大大增加了负责法令实施的公务员的数量、权力和影响力。长此以往，这些公务员有可能成为国家的真正主人。他们以国家的形象出现，拥有巨大的权力，因为在政府不断更迭的过程中，只有他们不会受这种不断变化的波动，只有他们不用承担责任，不需要个性，并且永久地存在。实行压迫性的专制，莫过于具备这三种特点的人。

这些不断增加限制性的法规，用条条框框把生活的细枝末节规范起来，从而无可避免地限制了公民自由活动的空间，使他们的空间范围越来越小。各国都认为保障自由与平等的最好办法，就是制定完备的法律，这一种谬见蒙蔽了所有国家。然而，每天都有一些越来越令人难以忍受的法律法规被颁布。政府已经习惯于给人上套，很快便会达到需要奴才的地步，让国家公民失去精神与活力。那时，我们的公民不过是虚幻的人影，消极、顺从、有气无力的行尸走肉。

若是到了这个地步，个人注定要到别人身上寻找力量。政府各部门的力量必然与公民的麻木和无望同步增长。因此它们必须表现出个人没有的主动性、积极性和行动力。这迫使国家要承担一切，领导一切，把一切都纳入自己的保护之下。于是国家变成了全能的神。但经验告诉我们，这种上帝既难以永存，也不会强大。

在某些民族中，自由受到的限制越来越多，尽管表面上的许可使公众产生一种自己还拥有这些自由的幻觉。限制似乎是民族衰落的原因之一，其在民族衰落上起的作用，和任何具体的制度一样大。迄今为止，任何文明都无法逃脱这种衰落。

根据历史的经验和各方面都表现出来的迹象来判断，现代某些民族的文明已经到了毁灭之前的衰老阶段，和那些历史上早已有之的民族一样。所有民族都不可幸免，历史似乎在不断地重复这种过程。

如果根据主要线索，总结之前那些伟大文明的兴起与衰败的原因，我们会发现什么呢？

文明诞生之初，一群来自不同地方的人，因为移民、入侵或占领等原因聚集在一起。他们血缘不同，语言和信仰也不同。法律是这些人结为一体的唯一纽带，尽管相关法律并没有完全得到所有头领的承认。这些混乱的人群，有着十分突出的群体特征。他们有短暂的团结，有英雄主义、易冲动、性情狂狷等群体特征。没有什么东西能把他们牢固地联系在一起，因为他们是野蛮人。

漫长的岁月是真正的造化者，种族就是它的作品。在环境长期一致、种族间不断通婚、一起共同生活等因素的作用下，不同的小群体慢慢融合成一个整体、一个种族，一个有着共同特征和感情的群体就此形成了，并且在遗传的作用下日益稳固。这群人变成了一个民族，渐渐有能力摆脱它的野蛮状态了。但是，只有在长期努力，经过不断重复的斗争以及无数次的反复，它才能获得某种理想之后，走出野蛮状态。

这个理想的性质并不十分重要，不管是崇拜罗马、雅典的强盛还是真主的胜利，都足以让一个种族中的每个人在感情和思想上形成完全的统一。在这个时候，一种包含着新制度、新信念和新艺术的新文明便诞生了。在追求自己理想的过程中，种族会逐渐具备某些素质，某些建立丰功伟业不可缺少的素质。无须怀疑，它有时仍然是乌合之众，但在它变幻不定的特征背后，会形成一个稳定的基础，即这个种族的秉性。种族的秉性支配着该种族狭小的范围内的机遇。

时间在做完其创造性工作之后，便开始破坏的过程。不管是神还是人，全都无法逃出它的手掌。当某种文明强盛到一定的程度，复杂到一定程度之后，便会止步不前。一旦止步不前，便注定走向衰落。

衰落是不可避免的，它以种族支柱——理想——的衰弱为标志。基于理想建立起的宗教、政治和社会结构也会随之发生动摇。

随着种族的理想的消亡，种族团结、强盛的品质也会慢慢消失。个人的个性和智力可以增长，但种族集体的自我意识却会被个人强烈的自我意识的过度发展所取代，并伴随着种族性格的弱化和行动能力的衰弱。本来是一个民族、一个联合体、一个整体的人群，最终会变成一群缺乏凝聚力的个人——散沙。他们在一段时间里，仅仅因为传统和制度而被人为地聚集在一起。在这个阶段，人们被个人利益和愿望搞得四分五裂，失去了治理的能力，即使在最微不足道的事情上，也需要领导管理，于是，国家开始发挥引人注目的影响。

随着古老理想的丧失，这个种族的才华也消失殆尽了。从此，这个种族的人仅仅是一群独立的个人，他们回到了自己的原始状态——群体。他们既缺乏统一性，也没有未来，只有乌合之众的短暂的特性。他们的文明失去了稳定性，只能随波逐流。群众掌握至上的权力，野蛮风气盛行。文明也许依然辉煌，源远流长的历史赋予其华丽的外表，但这座岌岌可危的大厦早已被侵蚀，支撑不了多久，风暴一来，立刻就会崩塌。

从野蛮到文明，一路追寻梦想，当这个梦想失去力量的时候，便开始衰落，最终走向死亡。这就是一个民族的生命周期。